Bernd Badegruber
Ewald Breitwieser

Die kreative Schreibschule

Motivierende Wege zum Aufsatzschreiben für 7- bis 12-Jährige

Illustrationen
Alois Jesner

VERITAS

www.veritas.at

Inhaltsverzeichnis

Die Idee dieses Buches

Schreiben zu können ist eine wichtige Fähigkeit im Kontakt mit anderen Menschen, sei es mittels E-Mail, SMS, in Briefform, beim Chatten im Internet, beim Verfassen von Artikeln, Plakaten, Ansprachen, Notizen, Protokollen, Ausfüllen von Formularen u. dgl. Tinte und Feder wurden durch den Kugelschreiber und die Schreibmaschine durch den Computer ersetzt. Wir schreiben daher schneller, leichter und deswegen auch häufiger und vielfältiger. Zu schreiben kann aber auch für den ganz persönlichen Bedarf von großer Bedeutung sein: eigene Gedanken oder Gefühle (z. B. in Tagebuchform) aufschreiben, kleine Geschichten und Gedichte verfassen, die niemand zu lesen bekommt, Arbeitspläne, Kalendernotizen.
Schreiben zu können kann also eine permanent wichtige Lebenshilfe bedeuten, allerdings nur für solche Menschen, die Schreiben nicht als qualvolles, mühseliges Unterfangen erlebt haben oder lediglich als Mittel der LehrerInnen eine Deutschnote zu eruieren. Schreiben sollte den Kindern in der Schule schmackhaft gemacht werden. Schreiben soll Freude machen! Wer mit Freude viel und oft schreibt, wird beim Schreiben immer besser werden und so Erfolgserlebnisse spüren. Eine wichtige Hilfe sind richtig ausgewählte oder von Ihnen abwechslungsreich und kreativ gestaltete Aufsatzthemen. Viele nette Aufsatzbücher mit anregenden Illustrationen und motivierenden Textbeispielen sind dazu verfasst worden. Diesen Ansatz, die SchülerInnen zum oftmaligen, persönlichen, informativen, unterhaltsamen und ideenreichen Verfassen von Texten zu motivieren, möchten wir durch die in diesem Buch beschriebenen Ideen komplettieren.

Unsere Ideen weisen jeweils eines oder mehrere der folgenden Merkmale auf:

Kommunikation

Dieser Aspekt umfasst vier Möglichkeiten:

- Gemeinsame, kommunikative Vorbereitung des Schreibens
- Gemeinsames Schreiben
- Gemeinsame Nacharbeit bzw. gemeinsame Verwendung
- Steigerung der schriftlichen und mündlichen Kommunikationsfähigkeit im Alltag

Prinzipiell ist jede Übung für die gemeinsame Arbeit mit allen SchülerInnen gedacht. Textschreiben ist ein gemeinsames Erlebnis der ganzen Klasse! Teile der Arbeit bei einigen Übungen, einzelne Phasen beim Entstehen eines Textes werden in Gruppen-, Partner- oder Einzelarbeit erledigt. Bei vielen Übungen ist es auch möglich, den ganzen Übungsverlauf in Gruppen- oder Partnerarbeit durchzuführen. Somit ist ein großer Teil unserer Vorschläge auch sehr gut für das offene Lernen geeignet.

Nutzen im Alltag

Neben dem kreativen Aspekt verfolgen wir den wirklichkeitsnahen Aspekt, den Text in der Art, wie er auch im Alltag vorkommt. Dadurch wird das Schreiben einerseits zum Werkzeug des Kindes für den außerschulischen Bereich und andererseits simuliert das Kind in einer Form des Rollenspiels außerschulische Schreibsituationen auch aus der Erwachsenenwelt.

Kreativität

Das Gefühl, dass man beim Schreiben erfinderisch sein darf, seine eigenen Wege gehen, unkonventionell sein darf, bei bestimmten Textformen sogar schwer interpretierbar, bewirkt bei den SchreiberInnen das Gefühl des „Schreibendürfens". Kreativ-sein-Dürfen wirkt entspannend, fördert die persönliche Ausdrucksfähigkeit, das persönliche Selbstverständnis und das Verstandenwerden durch andere.

Anschaulichkeit

Kinder brauchen oft als Anstoß für ihre Gedanken und die weiterführende Arbeit an ihren Gedanken eine ihnen bekannte Situation, ihnen bekannte Person oder Gegenstände, die sie in ihre Texte einbauen können. Sie betrachten eine Person, einen Gegenstand oder eine Situation ganz genau, diese berühren etwas, setzen etwas in Bewegung, verändern etwas, die Kinder spielen damit und so kommen die interessantesten Gedanken ins Rollen und finden ihren Weg in die Sprache. Auf diese Weise zeigen sich oft erstaunliche Fähigkeiten, das Konkrete zum Abstrakten, das Realistische zum Fantastischen werden zu lassen.

Handlungsorientiertheit

Selber Geschichten zu schreiben ist mit intensiverer Schüleraktivität verbunden als lediglich jemandem zuzuhören. Für Kinder bedeutet es mehr als eine willkommene Abwechslung und regt die Gedanken stärker an, wenn das Schreiben mit Diskutieren, Beobachten, Horchen, Bewegen, Ausprobieren oder mit einem Rollenspiel verbunden ist. Wer gewohnt ist, Handeln und Schreiben zu verbinden, bekommt große Übung beim Formulieren, denn sie/er verfällt auch ohne Schreibsituationen bei Alltagserlebnissen in „einen inneren Schreibprozess" („Wenn ich das schreiben würde, würde ich das so formulieren …").

Spielerische Tätigkeit

Spiel ist eine wichtige Form des kindlichen Lernens und somit auch des Schreibenlernens. Spiel macht Spaß und was mit Spiel verbunden wird, ruft positive Erinnerungen hervor. Für die Kinder heißt es also: Schreiben kann schön sein, weil Schreiben spielerisch sein kann. Spielerisches Schreiben beflügelt auch die Fantasie, denn Spiel lässt Gedanken und Handlungen zu, die in der Wirklichkeit so nicht vorkommen. Spiel erlaubt es außerdem, mit einfachen Regeln und Mitteln die Wirklichkeit nachzuvollziehen, erlebbar und damit beschreibbar zu machen.

Spaß und Spannung

Nichts lähmt Kinder mehr als Langeweile und diese Lähmung sorgt für Müdigkeit, Denkfaulheit und Lernunlust. Keine Langeweile zu haben bedeutet Spaß oder Spannung (auch großes Interesse daran, wie etwas ist oder wie etwas weitergeht) zu erleben. Spaß und Spannung können durch Texte erlebt werden, die von anderen AutorInnen angeboten werden (durch Lesen, Vorlesen, Erzählen oder Vorspielen). Oder man schlüpft selbst in die Rolle der Person, die für Spaß und Spannung sorgt, indem man Texte zur Unterhaltung oder zur Information anderer verfasst. Nicht nur Turnstunden, Spielstunden, Gesangs-, Mal- und Bastelstunden machen Freude. Zur guten Unterhaltung kann auch getextet werden und das bringt Spaß, Spannung und letztendlich angenehme Entspannung.

Lernziele, Praxisbezug, Vorüberlegungen

Bei jeder Textidee werden gleich zu Beginn Lernziele angeführt, die zusätzlich zum Entstehen von Texten für den Deutschunterricht von Bedeutung sind.
Im Anschluss daran finden Sie jeweils eine Rubrik mit Hinweisen zum Praxisbezug: Wo ist diese Textidee im Schulalltag oder im Alltag außerhalb der Schule oder gar im späteren Leben von Nutzen? Schließlich machen wir Sie bei jeder Textidee auf „Vorüberlegungen" aufmerksam, die notwendig sind, um die Übung erfolgreich durchzuführen. Oft empfehlen wir Ihnen auch am Ende dieser Rubrik, „Plakatwörter" auf Packpapier oder an der Tafel anzubieten, um den Kindern die Verwendung von schwierigen Rechtschreibwörtern oder bislang unbekannten Begriffen zu erleichtern.

Altersangaben

Im Anschluss an den Titel der Textidee finden Sie den Hinweis, für welche Schulstufen diese Übung geeignet ist (2–6 bedeutet also: 2. bis 6.Schulstufe). Allerdings kann es sein, dass erst am Ende der Textidee unter der Rubrik „Varianten" Übungen für die niedrigeren oder höheren Schulstufen zu finden sind. Meist ist die Grundidee in der beschriebenen Form am besten für die 3. bis 5. Schulstufe geeignet. Sie können jedoch bei fast jeder Übung auch den jüngsten SchülerInnen die Durchführung ermöglichen, indem Sie sehr einfache Textbeispiele anbieten beziehungsweise vermehrt gemeinsam formulieren und schreiben.

1. Ich über mich

1.1 Ich im Inserat

Ich über mich • 3-6

Lernziele

- Textbausteine und Satzglieder verändern, ersetzen, ergänzen

Praxisbezug

Textvorlagen werden für eigene Bedürfnisse verwendet und an die persönlichen Gegebenheiten angepasst. Die Kinder nehmen in schriftlicher Form Kontakt auf, können sich schriftlich vorstellen und schriftlich Anliegen und Angebote äußern. Sie können sich in den Inseratteilen von Zeitschriften zurechtfinden.

Vorüberlegungen

Textvorlagen – erstellt von Ihnen oder von einer/einem MitschülerIn – werden direkt am Computer bearbeitet (verändert). Dies kann auch in Form von Rätseln passieren: Was unterscheidet Text A von Text B? Dieser Vergleich kann direkt am Text oder aus dem Gedächtnis erfolgen.

Und so geht's

Suchen Sie (eventuell gemeinsam mit den Kindern) in Zeitschriften Inserate, in denen sich eine Person vorstellt und anderen LeserInnen ein bestimmtes Anliegen nahe bringt. Diese Inserate dienen als Textgrundlage. Jedes Kind ändert nun das Inserat so, dass es auf sie/ihn selbst passt.

Textbeispiel:

Originaltext in einer Jugendzeitschrift:
Ich möchte einen „Tierwelt-Club" gründen. Ich bin neun Jahre alt und besitze drei Meerschweinchen und ein Aquarium mit zahlreichen Fischen. Ich würde mich auch gerne mit der Haltung von Kanarienvögeln beschäftigen. Wenn du in der Nähe von Imst wohnst, zwischen acht und elf Jahre alt bist und gemeinsam mit anderen Leuten „Tierforschung" betreiben willst, melde dich bei mir.

Persönlicher (bearbeiteter) Text:
Ich möchte einen Hobby-Fußballclub gründen. Ich bin zehn Jahre alt und bin ein guter Stürmer. Ich habe auch genug Platz in unserem Garten für ein Fußballfeld. Wir könnten gemeinsam trainieren und im Winter könnten wir Eishockey spielen. Wenn du in der Nähe von Amstetten wohnst und zwischen acht und zwölf Jahre alt bist, melde dich bei mir. Auch Mädchen, die gerne Fußball spielen, sind willkommen.

Varianten

- Die Kinder antworten tatsächlich oder fiktiv auf Inserate.
- Die SchülerInnen richten Anfragen an MitschülerInnen in der Schülerzeitung.

1.2 Ich, der siebte Zwerg

Lernziele

- Gezielte Verwendung von Eigenschaftswörtern sowie deren Steigerungen
- Hauptwörtlich gebrauchte Eigenschaftswörter, z. B.: der Größte (im Unterschied zu: der größte Zwerg)
- Begründungssätze: Vorteile begründen, Verwendung von Bindewörtern wie weil, damit, sodass, da ...

Praxisbezug

Die Kinder gehen bewusst mit den Themen „Aufschneiden" und „Selbstdarstellung" um.

Vorüberlegungen

In einem Rollenspiel stellen die Kinder die Situation dar, bei der sich die sieben Zwerge dem Schneewittchen vorstellen. Natürlich möchte ein jeder bei der schönen Prinzessin den besten Eindruck machen. In diesem Rollenspiel kann das Schneewittchen auch konkrete Fragen über bestimmte Eigenschaften, Vorzüge und Talente an die Zwerge stellen.

Und so geht's

Die Kinder nützen die Freiheit der MärchenerzählerInnen, um Dinge zur Sprache zu bringen, die man sonst nicht so leicht über die Lippen bzw. zu Papier bringt. Sie geben einmal so richtig an und stellen sich im besten Licht dar. Wie schön ist es, einmal die/der Größte, Beste, Schönste zu sein! Dies alles geschieht aber nicht auf Kosten der anderen, sind doch die sieben Zwerge ein eingeschworenes Team.

Textbeispiel:

Ich bin zwar nicht der größte von allen sieben Zwergen, doch der Vorteil meiner kleinen Körpergröße ist, dass ich mich fast in jedem Mauseloch verstecken kann. Weil ich so klein bin, finde ich am schnellsten die schönsten Pilze am Waldboden. Besonders geschickt und flink bin ich auch beim Heidelbeerpflücken. Beim Fangenspielen im Dickicht erwischt mich fast nie jemand, weil ich überall am schnellsten durchschlüpfen kann. Ich habe die schönste Zipfelmütze, weil ich der Einzige bin, bei dem die Quaste am Boden streift. Beim Essen bin ich immer als Erster fertig, da ich wegen meiner Körpergröße nicht so viel zum Essen brauche.

Varianten

Es muss natürlich nicht immer eine Prinzessin sein. Nehmen wir an, ein Prinz wurde von seinem Stiefvater verstoßen und kommt zum Haus der sieben Zwerginnen ...

1.3 Im Namen steckt Amen

Lernziele

- Wortanalyse: in Wörtern andere Wörter oder das Bauprinzip entdecken

Praxisbezug

Kreativitätstraining findet hier besonders „nahe an der Gruppe" statt. Die Kinder selber sind „Objekte" der kreativen Arbeit und das macht besonderen Spaß.

Vorüberlegungen

Jedes Kind schreibt seinen Vornamen und den seiner Familienmitglieder in großen Lettern auf einzelne Zettel.

Und so geht's

Jedes Kind lässt sich zu mindestens zehn Namen der Schülergruppe eine Umschreibung einfallen. Aufgrund dieser Umschreibung soll von den anderen der gemeinte Name erraten werden.

Textbeispiel:

Ewald: Es ist ein Name mit einer großen Ansammlung von Bäumen am Wortende.
Bernd: Es ist ein Name, bei dem der zweite und dritte Buchstabe eine männliche Person ausdrücken.
Anna: Es ist ein Name, der von hinten und von vorne gelesen gleich klingt.
Barbara: In diesem Namen sind zwei gleiche Nachtlokale zu entdecken.
Manfred: In diesem Namen finden wir eine Farbe auf Englisch am Ende des Wortes.
Ingrid: In diesem Namen sind die ersten drei Buchstaben die Abkürzung für Ingenieur.
Germana: In diesem Namen ist die englische Bezeichnung für Deutsch enthalten.
Maria: In diesem Namen bezeichnen der zweite und dritte Buchstabe ein Quadrat von zehn Meter Seitenlänge.

Varianten

Ein Auftrag für besonders Begabte: Überlegt euch zu jedem Vornamen in der Klasse ein Rätsel. Auch die Nachnamen können für die Rätsel verwendet werden.

1.4 In der Schule zuhause

Lernziele
- Visuelle Wahrnehmung
- Buchstabieren
- Wortanalyse: Anlaute erkennen

Praxisbezug
Bei dieser Textidee erkunden die SchülerInnen ihre Lernumgebung und fühlen sich so in der Schule wie zuhause.

Vorüberlegungen
Sich in einem Arbeitsraum „zuhause zu fühlen" kann für den Arbeitserfolg wichtig sein. Bei dieser Übung versuchen die Kinder den Raum ganz persönlich in Besitz zu nehmen.

Und so geht's
Zuerst rufen die SchülerInnen stichwortartig Beobachtungen (Gegenstände, Farben, Möbel, Bilder, Geräte ...) in den Raum. Dann gehen alle gleichzeitig im Klassenzimmer, im Schulhof, in einem Gruppenraum auf die Suche nach Einzelbuchstaben ihres Vornamens. Sie suchen Gegenstände, deren Anfangsbuchstaben mit Buchstaben des eigenen Vornamens übereinstimmen.

Textbeispiel:

Sabine im Schulhof

S - *Zuerst besuchte ich die **S**chaukel, weil sie so wie mein Name mit S beginnt. Ich setzte mich darauf und schaukelte ein wenig.*

A - *Den **A**sphalt im Schulhof finde ich nicht sehr schön, aber wenn es hier nur Gras gäbe, wäre bald alles zertrampelt.*

B - *In der Ecke des Schulhofs neben dem gelben Strauch liegt ein alter **B**all, dem leider schon die Luft ausgegangen ist.*

I - *Der vierte Buchstabe meines Namens ist das I. Dazu habe ich leider keine Idee, auch wenn ich noch so genau den ganzen Hof absuche. Ich frage den Lehrer und er sagt: **I**mmergrün. Damit meint er den Efeu, der auch im Winter immer grün ist.*

N - *Der **N**ussbaum, der direkt neben der Schulhausmauer steht, wird leider bald umgeschnitten, weil sein Laub immer in die Dachrinne fällt. Schade um die Nüsse!*

E - *Den **E**feu, der die Schulhausmauer hinaufwächst, habe ich schon besucht, aber ich könnte auch das **E**ternitdach erwähnen. Um es zu besuchen, bräuchte ich aber eine Leiter.*

Varianten
Während einer Wanderung versucht jedes Kind Details der Umgebung zu beobachten, deren Anfangsbuchstaben im eigenen Vornamen enthalten sind. Die SchülerInnen können diese Begriffe auf einem Notizzettel als Stichwörter aufschreiben und im Nachhinein mit deren Hilfe die Wanderung noch einmal im Geiste Revue passieren lassen.

1.5 Ich im Zoo und anderswo

Lernziele

- Wortanalyse: Wörter zerlegen, den Anlaut suchen, buchstabieren

Praxisbezug

Beim Schreiben dieses Textes denken die Kinder über sich selber nach und gewinnen ein gutes Stück Selbsterfahrung. Beim Präsentieren der Texte erfahren sie viel über andere Kinder.

Vorüberlegungen

Sitzkreis. Ein buntes Wandbild mit vielen Details liegt in der Kreismitte und der eigene Name regt jedes Kind an, über sich selbst, seine Eigenschaften, Erlebnisse, Wünsche, Träume, Vorlieben usw. nachzudenken und diese in Worte zu fassen.
Jedes Kind stellt sich beim Betrachten in Gedanken in dieses Bild und somit in eine andere Welt hinein. Dazu zerschneidet jedes Kind vor Beginn der Übung seinen Namen (Vornamen) in die einzelnen Buchstaben.

Und so geht's

Ein Kind nach dem anderen kommt an die Reihe, legt einen seiner Namens-Buchstaben auf eine Stelle des Bildes und äußert dabei kurz, was dieses Detail des Bildes für sie/ihn bedeutet bzw. was es mit ihr/ihm persönlich zu tun hat. So wird das Bild zusehends mit Buchstabenzetteln zugedeckt und die SchülerInnen sind beim Formulieren immer mehr auf ihre Erinnerung und auf ihre Fantasie angewiesen. Zum Schluss nehmen die Kinder ihre Buchstaben wieder an sich, das Bild wird an die Wand gehängt und nun kann der Vorgang verschriftlicht werden.

Textbeispiel:

Ingrid im Zoo

*I – Wenn ich durch diesen Zoo spazieren würde, würde ich am liebsten über die Brücke zur **I**nsel mit den Pinguinen gehen.*

*N – Die **N**ilpferde, die da im Wasser schwimmen, sehen sehr faul und glitschig aus. Ich möchte kein Nilpferd streicheln.*

*G – Wenn ich eine **G**iraffe wäre, könnte ich mit meinem langen Hals bei den Leuten im ersten Stock durch das Fenster schauen.*

*R – Katzen mag ich gerne. Schade, dass man den **R**aubkatzen nicht zu nahe kommen darf, sonst kann es schlimm mit einem ausgehen.*

*I – Das Tier mit dem Namen **I**ltis habe ich bisher noch nicht gekannt, aber angeblich stinkt es sehr. Auf seine Bekanntschaft kann ich verzichten.*

*D – Wenn ich die **D**elfine sehe, die bei der Vorführung tolle Kunststücke zeigen, muss ich an den schönen und spannenden Tierfilm „Flipper" denken.*

Varianten

- Die SchülerInnen können versuchen, sich an die Äußerungen einer/eines MitschülerIn zu erinnern und über dieses Kind einen Text zu schreiben.
- Unsere Klasse im Bild: Jede/Jeder schreibt über verschiedene MitschülerInnen einzelne Äußerungen, an die sie/er sich erinnern kann, und versammelt somit die ganze Klassengemeinschaft in seinem inneren Bild und in seinem Text.
- Eine/Ein ErzählerIn beschreibt den Gesamteindruck und auch möglichst viele Details eines für die ZuhörerInnen nicht sichtbaren Bildes. Diese versuchen sich „davon ein Bild zu machen" und schreiben anschließend einen Text über sich und das Bild.
- Für noch nicht so geübte SchreiberInnen besteht die Möglichkeit, lediglich Stichwörter aus dem Bild zu nehmen, von denen jeder Anfangsbuchstabe ein Buchstabe aus dem eigenen Vornamen ist.

Textbeispiel:

Ingrid im Waldbild

I - Igel
N - Nadelbaum
G - Gras
R - Reh
I - Imker
D - Dachs

2. Personenbeschreibungen

2.1 Es geht ums Detail

Lernziele

- Fachbegriffe für Kleidungsstücke oder deren Teile sowie für Schmuck, Körperteile und Frisurmoden verwenden
- Schulung der visuellen Wahrnehmung

Praxisbezug

Oftmals wollen wir unseren GesprächspartnerInnen von einer neuen Frisur, der neuen Kleidung einer/eines FreundIn, vom Aussehen einer/eines neuen Bekannten oder vom Aussehen einer Filmfigur erzählen. Manchmal beschreiben wir sogar Personen „live", wie zum Beispiel: „Schau mal den da drüben an, den mit den langen blonden Haaren und der gestreiften Jeans ..."

Vorüberlegungen

Als Vorübung kann ein **Beobachtungsspiel** dienen: Alle Kinder sitzen im Kreis und überlegen für sich, was das Besondere am Aussehen einer/eines jeden MitschülerIn ist. Dabei sollte mindestens ein Detail an jedem Kind gesucht werden, das es von allen anderen unterscheidet. Jede/Jeder darf nun eines dieser Details nennen und die anderen müssen erraten, wen dieses Detail betrifft.

Plakatwörter: Jeans, Top, Blazer, T-Shirt, Ärmel, Ellbogen, Kragen, Hosenbund, Ausschnitt, Schnalle, Scheitel, Pagenschnitt, Kurzhaarschnitt, Haarband, Ohrpiercing, Armbanduhr ...

Und so geht's

Die eine Gruppe (A) der Kinder steht in einem Kreis, die Kinder der anderen Gruppe (B) suchen sich eine/einen PartnerIn von A und stellen sich dahinter auf. Nun flüstern alle Kinder der Gruppe B gleichzeitig ihrem Partnerkind A die Beschreibung eines beliebigen im Kreis stehenden Kindes A von hinten ins Ohr. Welches Kind B ins Auge gefasst hat, kann A nicht sehen, da B ja hinter ihm steht. Sobald A sagen kann, auf wen die Beschreibung zutrifft, tauschen beide den Platz und A ist mit dem Beschreiben dran. Im Anschluss an diese Übung werden nun in ähnlicher Form schriftliche Beispiele verfasst.

Varianten

Mit SchülerInnen der zweiten Schulstufe wird diese Übung nur mündlich durchgeführt.

2.2 Jakob im Bild

Lernziele
- Stichwörter einbauen
- Freude am Lesen und Schreiben erzeugen
- Schreiben als gemeinschaftsbildendes Element in der Klasse verwenden

Praxisbezug
Dieser Text kann als persönliches Geschenk an eine/einen MitschülerIn verwendet werden, macht dieser/diesem große Freude beim Lesen und kostet zudem kein Geld.

Vorüberlegungen
Jede/Jeder SchülerIn schreibt in Stichworten einen Steckbrief über sich selbst (Angaben, wie sie vielfach in vorgedruckten Stammbüchern zu finden sind) und gibt so Auskunft über Lieblingsspeise, Lieblingsmusik, Haarfarbe, Körpergröße ... Diese Stichwortsteckbriefe werden gemischt und an die SchülerInnen verteilt.

Und so geht's
In Gedanken malt jedes Kind ein Bild, in welchem möglichst viel von dem vorkommt, was eine/ein MitschülerIn in ihrem/seinem Steckbrief angegeben hat. Dieses Bild wird schriftlich beschrieben und der/dem betreffenden MitschülerIn als Geschenk überreicht. Natürlich kann als Draufgabe das Bild auch gemalt werden.

Textbeispiel:

Jakob

Lieblingsfarbe: schwarz
Lieblingsspeise: Steak
Haarfarbe: brünett
Hobby: Musik
Sport: Faustball...

Jakob im Bild

Ich habe vor mir ein Bild mit einem Buben, der brünette Haare hat und der ganz schwarz gekleidet ist. Er sitzt bei einem Tisch und isst gerade ein saftiges Steak. Neben seinem Sessel liegt ein Ball. An der Wand hängt ein Bild, auf dem eine Gitarre zu sehen ist. ...

Varianten
Jakob kann auch in eine fertige Geschichte aus einem Lesebuch eingebaut werden, in dieser müssen nur kleine Veränderungen durchgeführt werden. So heißt die Hauptperson in einer Geschichte statt Sebastian nunmehr Jakob, isst in der überarbeiteten Version statt eines Apfelstrudels ein Steak und geht anstatt zum Schwimmen auf den Faustballplatz.

2.3 Grimassen legen

Lernziele

- Erkannte Mimik sprachlich ausdrücken können
- Beobachten von Gesichtsausdrücken
- Gesichtsausdrücke bewusst darstellen, verändern und analysieren
- Fachbegriffe für Gesichtsausdrücke anwenden, z. B. Kinn, grimmig ...

Praxisbezug

Im zwischenmenschlichen Kontakt ist es für die Entwicklung von Beziehungen, Rollenverständnis und Rollenverhalten von Bedeutung, ob wir Mimik beobachten, sie richtig verstehen und in weiterer Folge dadurch kompetent darauf reagieren können.

Vorüberlegungen

Für jedes Kind sind Gesichtsteile zum Ausschneiden vorhanden (siehe KV 1, Seite 16). Die SchülerInnen experimentieren mit dem Auflegen der vorhandenen Gesichtsteile. Später bekommen sie konkrete Aufträge: Legt die Augen möglichst weit oben! Sorgt für ein möglichst großes Kinn! Legt eng beieinander liegende Augen! Versucht ein grimmiges Gesicht! Wie müssen die Augenbrauen bei einem gutmütigen Gesicht stehen?
Plakatwörter: Stirn, Augenbrauen, Augen, Nase, Mundwinkel, Kinn, Gesichtsmitte, Mimik / eng, groß, weit, breit, lang, kurz, grimmig, mürrisch, böse, ekelhaft, fröhlich, gutmütig, gelassen, traurig, lustig, ausgelassen, heiter, ängstlich, dumm, klug, verklemmt, oben, unten, rechts, links, zusammengezogen, auseinander, direkt ...

Und so geht's

Jedes Kind erstellt für die/den PartnerIn eine schriftliche Anweisung, wie diese/dieser ein Mimikbild gestalten soll. Die/Der PartnerIn legt nach Erhalt des schriftlichen Auftrages das entsprechende Bild.

Varianten

- Die/Der AutorIn des Textes legt auch selbst das Bild mit dem eigenen Material. Anschließend vergleichen die beiden SchülerInnen ihre Legeergebnisse. Eine/Ein SchiedsrichterIn kann unter Zuhilfenahme des Textes entscheiden, welches Bild dem Text besonders nahe kommt.

  Textbeispiel:

  Ein kluger, freundlicher Mann

  Er hat eine hohe Stirn. Die Augenbrauen sind in der Mitte nicht zusammengezogen, seine Augen stehen nicht zu eng und nicht zu weit auseinander. Die Nase beginnt direkt unter den Augen. Seine Mundwinkel sind nach oben gezogen.

- Für SchülerInnen der zweiten Schulstufe wird diese Textidee als Leseübung zum sinnerfassenden Lesen eingesetzt: Sie legen lediglich die Gesichtsteile zu einem von Ihnen vorbereiteten Text.

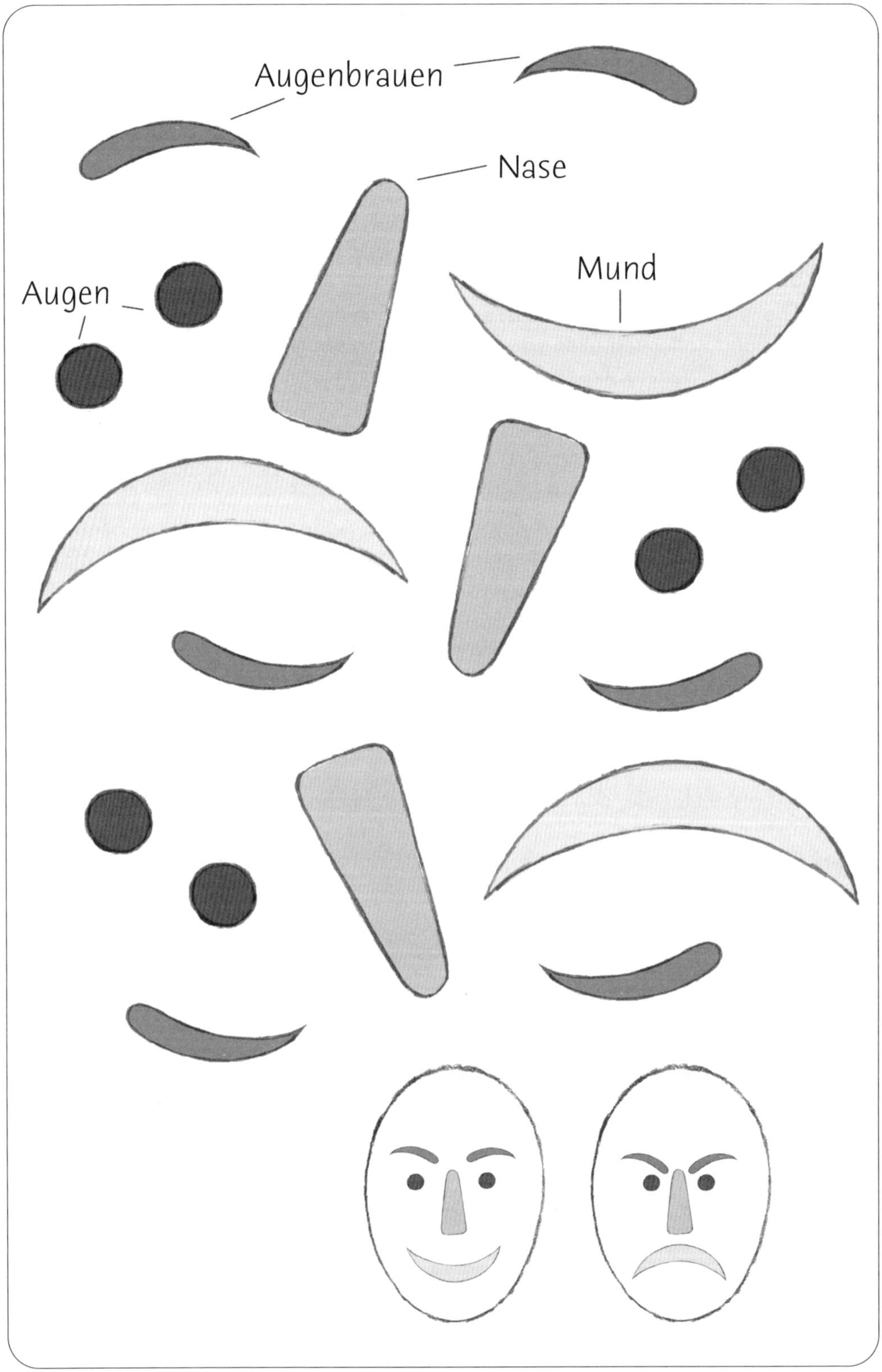
Augenbrauen
Nase
Mund
Augen

2.4 Interviewwirrwarr

Lernziele

- Fragen stellen
- Ein Interview durchführen
- Vergleiche zwischen Personen anstellen
- Verwendung der Vergleichsformen: größer als, älter als ...
- Beistrichsetzung bei rückbezüglichem „das" (Unterschrift von einem Kind, das ...)
- Beistrichsetzung bei Aufzählungen

Praxisbezug

Wir befinden uns oft vor der Situation, dass wir einer/einem Dritten von einer/einem neuen Bekannten erzählen wollen. Der Fragebogen führt den Kindern Ideen vor, was es so alles über Menschen zu wissen und zu erzählen gibt. Dabei geht es vor allem um das Beschreiben von Fakten.

Vorüberlegungen

Wir benötigen „Klassenfragebögen" (KV 2, Seite 18, auch in: Bernd Badegruber: Neue Ideen zum offenen Lernen, Veritas-Verlag, Linz, 2002, Seite 30).
Das Wortmaterial ist großteils im Klassenfragebogen zu finden.

Und so geht's

Am Anfang herrscht ein turbulentes Durcheinander. Jedes Kind hat den Klassenfragebogen und alle möchten gleichzeitig zu den Angaben möglichst rasch Unterschriften von den Kindern sammeln, auf die die Angaben zutreffen. Aufgrund der erhaltenen Informationen stellen die Kinder in Gruppenarbeit einen Steckbrief über ein Kind her, von dem sie viele Unterschriften gesammelt haben. Dabei geben sie der Person einen Fantasienamen, um das Erraten beim anschließenden Vorlesen für die anderen Kinder zu erschweren.

Textbeispiel:

Flips kann sehr viele Sache, bei denen man geschickt sein muss. Er kann gut schwimmen, gut turnen, aber auch gut rechnen. Er kann sogar seinen Namen rückwärts sagen und natürlich weiß er auch die erste Strophe des Liedes „Ihr Kinderlein kommet" auswendig. Flips ist älter als Romana, Petra und Norbert, er ist größer als Romana, aber kleiner als Norbert. Aber er hat größere Füße als diese drei. Gestern hat er seine Großmutter besucht. Auch seine zwei Geschwister waren dabei. Übrigens hat er keinen Bruder, nur Schwestern. (3. Schulstufe)

Varianten

Manchen Kindern mag es schwer fallen, ein Kind besonders ausführlich zu beschreiben. Leichter ist es für diese Kinder, wenn sie lediglich von jedem Kind ein auffälliges Merkmal beschreiben müssen. Die Themenstellung kann dann lauten: „Besonderes in unserer Klasse".

Klassenfragebogen

Unterschrift von einem Kind, das gut schwimmen kann:

____

Unterschrift von einem Kind, das eine Schwester hat:

____

Unterschrift von einem Kind, das die erste Strophe

eines Liedes auswendig kann: ______________________________

Unterschrift von einem Kind, das seine Großmutter in den letzten fünf Tagen gesehen hat:

____

Unterschrift von einem Kind, das sehr gut rechnen kann: ______________________________

Unterschrift von einem Kind, das sehr gut turnen kann: ______________________________

Unterschrift von einem Kind mit blonden Haaren: ______________________________

Unterschrift von einem Kind, das größere Füße hat als du: ______________________________

Unterschrift von einem Kind, das größer ist als du: ______________________________

Unterschrift von einem Kind, das älter ist als du: ______________________________

Unterschrift von einem Kind, das weniger Geschwister hat als du:

____

Unterschrift von einem Kind, das seinen Namen rückwärts sagen kann:

____

Unterschrift von einem Kind, dessen Vorname kürzer ist als deiner:

____

Unterschrift von einem Kind, das ganz in deiner Nähe wohnt: ______________________________

Unterschrift von einem Kind, das weit weg wohnt von dir: ______________________________

2.5 Geheimnisvolle Skulpturen

Lernziele
- Beobachtung von Körperhaltungen
- Körperhaltung bewusst verändern
- Fachbegriffe für Körperteile verwenden
- Präpositionen anwenden

Praxisbezug
Oftmals stehen wir im Alltag vor der Situation, anderen erklären zu müssen, wie sie sich bei Spielen oder bestimmten Tätigkeiten aufstellen sollen bzw. welche Körperhaltung sie einnehmen sollen. Bei Berichten, z. B. bei Zeugenaussagen, ist es wichtig genau zu beobachten und diese Beobachtungen sprachlich wiederzugeben.

Vorüberlegungen
Alle Kinder bewegen sich zur Musik im Raum, beim Ausruf „Versteinert" erstarren alle. SchülerIn A beschreibt nun SchülerIn B die Körperhaltung einer Person. Wer ist diese beschriebene Person? SchülerIn B soll auch den Eindruck schildern, den sie/er beim Anblick dieser Skulptur hat: „Es sieht aus, als ob ..."
Die SchülerInnen stellen Skulpturen nach Bildvorlagen aus Geschichtenbüchern und lassen andere Kinder das Buch durchblättern und das entsprechende Bild finden.
Plakatwörter: Kopf, Hals, Arme, Rumpf ... / gebeugt, gestreckt, kniend, gebückt, verkrümmt, stehend, liegend ... / vor, nach, neben, dahinter, unter, über, auf ...

Und so geht's
Während SchülerIn A den Raum verlassen hat, formiert sich eine Gruppe von Kindern zu einer Personengruppe, die eine Situation darstellt. Sie verfassen nun gemeinsam eine schriftliche Beschreibung der dargestellten Situation. Dabei gehen sie besonders auf Körperhaltung, Mimik, Nähe und Distanz, Größenverhältnisse, auf das Vor- und Hintereinander sowie Nebeneinander der Personen ein. SchülerIn A soll nun versuchen nach dieser schriftlichen Anleitung die Skulptur nachzubauen und auch zu erraten, was diese darstellen will.

Textbeispiel:
Eine größere Person steht nach vorne gebeugt breitbeinig und mit ausgestreckten Armen und gespreizten Fingern mit dem Rücken zu zwei etwas kleineren Personen. Diese berühren sie mit beiden Händen am Rücken. Sie stemmen sich gegen sie. Es sieht aus, als ob sie sie stoßen möchten.
(Lösung: Hänsel und Gretel stoßen die Hexe in den Backofen.)

Varianten
Diese Variante eignet sich als Vorübung: Das beobachtende Kind schließt kurz die Augen, während eine/ein DarstellerIn Körperhaltung oder Position verändert. Die/Der BeobachterIn muss anschließend die Veränderung erkennen und mündlich beschreiben.

2.6 Das Bild hinter dem Bild

Lernziele

- Visuelle Wahrnehmung
- Subjektive Sichtweisen sprachlich richtig ausdrücken
- Unterscheidung zwischen subjektiver und objektiver Wirklichkeit in zeitlicher, räumlicher und psychischer Hinsicht

Praxisbezug

Bei Beschreibungen neigen wir dazu, nicht-objektive Aussagen mit objektiven Beobachtungskriterien zu mischen, was unsere Erzählungen zwar interessant, aber oft nicht der Wirklichkeit entsprechend erscheinen lässt. Was für kreatives Erzählen im Rahmen des Fabulierens durchaus erstrebenswert ist, sollte im Gesprächsalltag nur bewusst verwendet werden. Mit dieser Schreibübung machen Sie die SchreiberInnen auf den Unterschied zwischen objektiven und subjektiven Beobachtungskriterien aufmerksam. Wer es gelernt hat, in die subjektive Betrachtung von Kunstwerken einzutauchen, wird auch vermehrte Freude am Besuch von Galerien und Betrachten von Bildern entwickeln.

Vorüberlegungen

Als Vorübung spielen wir das „Warum-Spiel": SpielerIn A fragt SpielerIn B eine beliebige Wissensfrage, z. B.: „Warum regnet es?" SpielerIn B: „Weil es Wolken gibt." SpielerIn A: „Warum gibt es Wolken?" SpielerIn B: „Weil Wasser verdunstet ist." SpielerIn A: „Warum ..."

Diese Vorübung wird in einer zweiten Übungsphase unter Zuhilfenahme eines Bildes (z. B. Personenporträts) in ähnlicher Form durchgeführt. SpielerIn A hat eine für SpielerIn B nicht sichtbare Personendarstellung vor sich. SpielerIn B fragt nach einem Detail, z. B.: „Trägt diese Person einen Hut?" SpielerIn A: „Ja, er trägt einen Hut." SpielerIn B: „Warum trägt er einen Hut?" SpielerIn A: „Weil er vermutlich eine Glatze hat." SpielerIn B: „Warum hat er eine Glatze?" SpielerIn A: „Weil er vielleicht schon sehr alt ist." SpielerIn B: „Warum ist schon so alt?" SpielerIn A: „Weil er wahrscheinlich vor vielen Jahren geboren worden ist."

Plakatwörter: „Vermutungswörter" wie: vermutlich, wahrscheinlich, vielleicht, unter Umständen, eventuell, möglicherweise ...

Und so geht's

Die/Der SchreiberIn hat ein Bild (Zeichnung, Kunstdruck, Foto ...) vor sich, auf dem eine Einzelperson formatfüllend zu sehen ist (auf Seite 21 als Beispiel Paul Gauguins „Selbstbildnis mit Palette"). Diese Person soll eine Tätigkeit ausführen, z. B. einen Gegenstand an sich nehmen. Die/Der BetrachterIn versucht nun den ZuhörerInnen (oder LeserInnen) mehr über diese Person zu erzählen. Diese Erzählung geht allerdings weit über das tatsächlich Beobachtbare hinaus. Sie/Er erzählt Vermutungen über die Lebensgeschichte der Person, über die Umgebung, in der dieses Bild zustande kam, über die Hintergrundgeschichte der Kleidung, des Aussehens der Person und der im

Bild dargestellten Gegenstände. Was ist vor der Momentaufnahme des Bildes passiert, was wird die Person nach dem im Bild festgehaltenen Moment tun? Was wäre außerhalb des Bildrandes zu sehen? Was hat sie mit den Gegenständen auf dem Bild weiterhin im Sinn? Wie sieht der nicht sichtbare Teil ihrer Kleidung und ihres Körpers aus? Woran denkt sie, worauf fällt ihr Blick, was spricht sie oder was möchte sie sagen?

Varianten

- Die/Der SchreiberIn erzählt in der Ich-Form, als ob sie/er die Person wäre, die auf dem Bild zu sehen ist.
- Die/Der SchreiberIn erzählt, als ob sie/er diese Person persönlich gut kennen würde.

3. Orte und Gegenstände beschreiben

3.1 Näher und näher

Lernziele

- Verwendung von Präpositionen, Eigenschaftswörtern
- Bezeichnungen für Farben
- Beschreiben von Größenverhältnissen
- Unterscheiden von Vordergrund und Hintergrund

Praxisbezug

Wer bewusst beobachten und auch Details sehen kann, hat mehr vom Leben. Bei der Textidee „Näher und näher" lernen die Kinder mit „offenen Augen" zu beobachten: bei Wanderungen, Ausstellungen, in Galerien, bei Kulturausflügen.

Vorüberlegungen

Benötigt wird ein etwa DIN-A3 großes Bild, auf dem viele Details zu erkennen sind. In der Regel gelingt es bei Bildbetrachtungen nur wenigen SchülerInnen, Details aufmerksam zu registrieren. Dementsprechend karg und oberflächlich fallen oft Bildbeschreibungen aus. Bei der hier vorgestellten Übung wird ein regelrechter „Hunger auf Details" erzeugt, da man trotz intensiven Hinschauens „zu wenig" erkennen kann.

Und so geht's

Hängen Sie am Ende eines langen Ganges das Bild auf, das den SchülerInnen jedoch noch nicht bekannt sein darf. Die Kinder nehmen am Gang etwa 30 Schritte vom Bild entfernt partnerweise Aufstellung, wobei eines der beiden mit dem Rücken zum Bild steht. Das Kind, das mit dem Gesicht zum Bild steht (SchülerIn A), beschreibt nun das Wenige, das es aus dieser weiten Entfernung auf dem Bild erkennen kann. Dann dreht es sich mit dem Rücken zum Bild und wird rückwärts gehend von seiner/seinem PartnerIn (SchülerIn B) fünf Schritte in Richtung Bild geführt. SchülerIn B hat nun das Gesicht dem Bild zugewendet und beschreibt das bereits etwas deutlicher sichtbare Bild SchülerIn A. Es wird so oft gewechselt bzw. weitergegangen, bis die beiden Kinder nach den letzten fünf Schritten ganz knapp vor dem Bild angelangt sind und mit Erstaunen und großer Neugier viele Details erkennen können, die ihnen auf weite Entfernung verborgen geblieben sind.

Varianten

Diese Übung ist auch im Freien gut möglich: Statt eines Bildes ist das Betrachtungsobjekt ein Bereich der Umwelt, z. B. eine Hütte, ein Garten.

3.2 Von nah bis fern

Lernziele

- Selektive Wahrnehmung: bei der visuellen Wahrnehmung zwischen Gegenständen und deren Umgebung unterscheiden

Praxisbezug

Häufig gewinnen wir beim Beobachten lediglich einen ganzheitlichen Eindruck des Objektes und wir müssen uns meist zwingen, Details zu beachten. Bei dieser Übung muss mit dem Betrachten der Details begonnen werden. Durch die gezwungenermaßen eingeschränkte Wahrnehmung am Beginn der Übung wird von den BetrachterInnen in weiterer Folge auch der Umgebung und dem „Rahmen" gerne große Aufmerksamkeit geschenkt.

Vorüberlegungen

Jedes Kind (zumindest jedes Paar) benötigt ein Pappfernrohr (z. B. Klopapierrolle).

Und so geht's

SchülerIn A schließt die Augen, PartnerIn B führt sie/ihn nun bis knapp (zirka einen halben Meter) vor einen Gegenstand im Raum. Mit einer Hand hält sich SchülerIn A ein Auge zu, mit der anderen Hand führt sie/er das Fernrohr zum anderen Auge und blickt auf den Gegenstand, der nun knapp vor ihr/ihm sichtbar ist. So kann sie/er nur einen winzigen Ausschnitt des Raumes wahrnehmen. Einem Kind C, das mit dem Rücken zu ihr/ihm steht, zur gegenüberliegenden Wand blickt und somit den Gegenstand nicht sehen kann, erzählt SchülerIn A, was durch das Fernrohr zu erkennen ist. Nun entfernen sich alle drei Kinder zwei Schritte von diesem Objekt, dadurch wird das nähere Umfeld des Gegenstandes durch das Fernrohr sichtbar. Wiederum erzählt A dem Kind C davon, worauf sie sich erneut zwei Schritte entfernen; so kann auch die weitere Umgebung beschrieben werden. Wenn sie bei der gegenüberliegenden Wand angelangt sind, sich also nicht mehr weiter entfernen können, ist die Übung zu Ende. Beide schließen nun die Augen und werden von SchülerIn B blind in einen anderen Raum geführt. Jede/Jeder (auch B) für sich soll nun den Gegenstand und dessen Umgebung beschreiben, wobei SchülerIn C das Problem hat, das Beschriebene nicht gesehen zu haben.

Varianten

SchülerIn A diktiert SchülerIn C laufend das, was gerade an neuen Beobachtungen beim schrittweisen Entfernen dazukommt, wobei sich SchülerIn C wiederum wie oben mit dem Rücken zum beschriebenen Objekt bewegt.

3.3 Du schreibst, ich zeichne Orte und Gegenstände beschreiben • 2-5

Lernziele

- Räumliche Beziehungen von Gegenständen: links davon, knapp dahinter ...
- Gedächtnisübung: einprägen von Sätzen in der richtigen Reihenfolge
- Visuelle und sprachlich-akustische Wahrnehmung verbinden

Praxisbezug

Immer wieder gibt es Situationen, wo wir jemanden bitten, uns einen Gegenstand zu bringen, der an einem bestimmten Ort abgelegt wurde. Dazu ist es notwendig, dieser Person ganz genau zu beschreiben, wo dieser Gegenstand zu finden ist.

Vorüberlegungen

Wir benötigen für jede/jeden SchülerIn mehrere Zettel in Postkartengröße.

Und so geht's

Die/Der erste SchülerIn beginnt mit der Beschreibung eines Details eines fiktiven Bildes, z. B.: In der Mitte steht ein Tisch. Ähnlich wie beim Spiel „Ich packe meinen Koffer ..." wiederholt das nächste Kind diesen Satz und fügt einen weiteren Gegenstand hinzu, wobei dieser Gegenstand in eine räumliche Beziehung zum ersten Gegenstand gebracht werden muss, z. B.: „In der Mitte steht ein Tisch. Auf dem Tisch steht eine Vase." SchülerIn C wiederholt die ersten beiden Sätze und fügt einen dritten Satz hinzu: „In der Vase stecken drei Rosen." Nach fünf bis acht Sätzen zeichnet jede/jeder MitspielerIn das so beschriebene Bild und führt die Beschreibung auch schriftlich durch.

Varianten

- Einzelne Kinder zeichnen ein Bild, überreichen es einem anderen Kind, welches dieses Bild nun schriftlich beschreibt. So entstehen mehrere verschiedene Zeichnungen und verschiedene dazugehörige schriftliche Beschreibungen. Wer schafft es, alle Zeichnungen den richtigen Texten zuzuordnen? Diese Variante kann auch in umgekehrter Reihenfolge durchgeführt werden, das heißt, zuerst werden Texte verfasst, diese werden dann „GrafikerInnen" übergeben, die das Dazupassende zeichnen.
- Zur Einführung in diese Textform können Sie auch Textbeispiele anbieten, die von den Kindern grafisch nachvollzogen werden sollen (Beispiele siehe KV 3, Seite 25).

Tür mit Hundekorb und Knochen
In der Bildmitte befindet sich eine Tür. An der rechten Seite ist die Türschnalle. Rechts vor der Tür steht ein Korb, in dem Korb sitzt ein kleiner Hund. Links neben der Tür liegt ein Knochen.

Stuhl auf dem Teppich
In der Mitte liegt ein längs gestreifter Teppich. Auf dem Teppich steht ein Stuhl. Ein Schuh liegt unter dem Stuhl, der andere Schuh liegt auf dem Stuhl. An die Sessellehne ist ein Besen angelehnt.

Bügeltisch
Der Bügeltisch füllt der Länge nach das ganze Blatt Papier aus. In der Mitte des Bügeltisches liegt ein Hemd mit Kragen, die Ärmel hängen bis zum Boden. Links auf dem Bügelbrett steht das senkrecht aufgestellte Bügeleisen, rechts steht ein birnenförmiges Wassergefäß.

Zierstern
Die Mitte des Sternes ist ein Quadrat. In dem Quadrat sind zwei Ringe. Der größere Ring berührt an vier Stellen das Quadrat. An jede Seite des Quadrats schließt ein schmales Rechteck an. Der Stern hat vier Zacken. Jede Zacke ist das Dach eines der Rechtecke.

Fenster mit Maus
In der Mitte des Bildes befindet sich ein Fenster mit einem einfachen Fensterkreuz. Links und rechts vom Fenster hängt ein Vorhang bis zum Fensterbrett. Der Vorhang ist kariert. Auf dem Fensterbrett sitzt eine Maus. Durch die Scheiben sieht man im Freien einen Baum. Am Baum lehnt eine Leiter.

Wäscheleine mit Teddybär
Eine Wäscheleine ist quer über das ganze Bild gespannt. Links hängt eine kurze Hose, rechts daneben eine Jeans. Ganz rechts hängen zwei Socken. Zwischen den Socken hängt ein Pullover mit den Ärmeln nach unten. Im Gras unter der Wäscheleine liegt ein Teddybär mit einer Zipfelmütze.

Auto an der Kreuzung
Das Auto kommt von rechts gefahren. Auf dem Fahrersitz sitzt eine Frau mit langen Haaren. Auf dem Rücksitz sitzt ein Herr mit Glatze. Das Auto hat einen Dachgepäckträger, auf dem zwei Paar Schi befestigt sind. Das Auto bleibt vor einer Ampel stehen. Die Ampel zeigt Rot und steht vor einem Zebrastreifen. Der Zebrastreifen ist ganz links im Bild.

Holzbrücke über den Bach
Quer über das Bild erstreckt sich eine Brücke. Die beiden Ufer sind nicht zu sehen. Die Brücke ruht auf vier Holzpfeilern und hat ein Holzgeländer. An einer Stelle ist das Geländer gebrochen. Eine Angel lehnt am Geländer. Die Angelschnur hängt ins Wasser. Ein Fisch nähert sich dem Angelhaken. Am rechten Bildrand schwimmt unter der Brücke eine Ente.

3.4 Ballonfahrt rund um die Erde

Lernziele

- Bildhafte Sprache
- Bezeichnungen von Landschaftsformen und geografische Begriffe
- Bezeichnungen für Himmelsrichtungen

Praxisbezug

Die Kinder automatisieren bei dieser Übung das Landkartenlesen und prägen sich die Lage und Beschaffenheit von Ländern, Staaten und Kontinenten ein. Sie festigen die Verwendung der Himmelsrichtungen und können sich orientieren. Sie lernen das Erzählen über Länder und über deren Beschaffenheit.

Vorüberlegungen

Voraussetzung für diese Übung ist die Kenntnis der Farbgestaltung von Landkarten, von Kartenzeichen, Höhenschichtlinien und Ortsdarstellungen.

Und so geht's

Die SchülerInnen suchen im Atlas oder auf einer Landkarte im physischen Teil ein Land oder einen Kontinent aus. Das Aussehen dieses Landes soll nun so beschrieben werden, dass es von Kindern, die das Landkartenlesen beherrschen, mit Farbstiften gezeichnet werden kann.
Sie beginnen damit, zuerst das Land im Groben zu charakterisieren (Insel, Bergland, Wüstenland, Seengebiet). Handelt es sich um eine Insel oder um einen Staat mit eingezeichneten Grenzen, kann die Form des Landes mit einem Gegenstand verglichen werden. Die rein grafischen Eindrücke können durch Einfügen von Ortsnamen ergänzt werden, wie z. B.: Der längste Fluss heißt Amazonas. Ein Beispiel finden Sie auf Seite 27.

Varianten

Erzählen Sie den Kindern die Geschichte einer Ballonfahrt. Geben Sie ihnen bekannt, wo der Ballon startet, z. B. in Rio de Janeiro. Nun erzählen Sie, dass der Ballon landeinwärts fliegt und über einem Fluss dahinschwebt. Nach etwa 500 km nach Westen wendet sich der Ballon, muss immer höher steigen, damit er nicht die Gebirgsgipfel streift. Nach Überwindung des höchsten Gipfels ist in weiter Ferne ein schmales Küstenband zu erblicken und dahinter hat man nun die unermessliche Weite des Ozeans vor sich. Die Kinder verfolgen mit ihren Augen auf der Landkarte die beschriebene Fahrtroute des Ballons und landen mit ihrem Finger letztendlich auf dem von Ihnen angegebenen Zielpunkt der Reise. Nach diesem Beispiel versuchen die Kinder selbst, ihrer/ihrem PartnerIn eine ähnliche Ballonfahrt oder Flugreise zu schildern.

Textbeispiel:

Dieses Land hat eine Form wie eine Eistüte mit einem übergroßen Gupf Eis darauf, der links und rechts weit über den Tütenrand ragt. Es ist eine riesige lang gezogene Halbinsel. Im Westen wird dieses Land entlang der Küste von einem Band hoher Bergketten begrenzt. Im Osten befindet sich eine große Fläche, die von vielen Hügeln bedeckt ist. Zwischen diesen beiden Berggebieten gibt es viele Ebenen mit mächtigen und sehr langen Flüssen. Der größte dieser Flüsse mündet in den Atlantischen Ozean. Die südliche Spitze unserer „Eistüte" ist sehr zerklüftet und zerfranst, als ob jemand an unserer Eistüte geknabbert hätte. Hier befinden sich viele felsige Inseln, die wie Brösel unserer Eistüte aussehen. Im Norden hängt das Land an einem langen dünnen Band. Dieses Band verhindert, dass dieses Land vom großen Ozean davongetrieben werden kann.

3.5 Hoffentlich kein Igel

Lernziele

- Taktile Wahrnehmung in Verbindung mit sprachlicher Leistung zur Konzentrationsförderung

Praxisbezug

Beim Beschreiben von Kunstwerken (Gemälden und Plastiken) haben wir oft Probleme, das Gesehene in Sprache zu kleiden. Dies vor allem dann, wenn es um abstrakte Gebilde geht. Sind unsere Augen verbunden, wird unsere Wahrnehmung (taktil, akustisch) und unser Vorstellungsvermögen stark gefordert. Wir werden nicht durch optische Reize aus der weiteren Umgebung abgelenkt und können uns auf das eine Objekt konzentrieren. Wir sind in der Finsternis mit unserem Objekt und den Gedanken darüber (die wir still für uns in Worte fassen) allein.

Vorüberlegungen

Jedes Kind formt (oder baut) aus verschiedenen Materialien (Plastilin, Ton, Teig, Abfallmaterialien, Bausteinen ...) ein Objekt.

Und so geht's

Einem Kind werden die Augen verbunden und es tastet „blind" eine abstrakte oder konkrete Figur ab, die eines der Kinder vorher geformt hat. Die Aufgabe des Kindes ist es, das Ergebnis der Tastversuche einer/einem anderen SchülerIn in einem anderen Raum mitzuteilen. Dieses Kind soll nun versuchen aufgrund der Beschreibung diese Figur nachzubauen.

Textbeispiel:

Das Gebilde, das ich abgetastet habe, bestand hauptsächlich aus einem Blumenstock und Gegenständen, die am Blumenstock befestigt waren. Man konnte keine Blumenstockerde erfühlen, die Erde war mit lauter Meeresmuscheln bedeckt. Der Blumenstock war ungefähr einen Meter hoch und hatte einen langen Stamm. Dieser Stamm war mit Fellresten umwickelt. An einzelnen Blättern waren Bänder, wie man sie zum Einpacken von Geschenken verwendet, angebunden. Über einzelne Zweige des Blumenstocks waren Klopapierrollen gestülpt. Wenn man einige andere Zweige berührte, ertönte der Klang kleiner Glöckchen.

Varianten

Besonders spannend ist die oben beschriebene Übung, wenn ein Gebilde gebaut wird, das leicht seine Form verliert oder in seine Einzelteile zerfällt (zum Beispiel aus Knetmasse, Pfeifenputzern, nassem Sand), sodass das Kind beim Abtasten besondere Vorsicht walten lassen muss, wie etwa auch, wenn das Gebilde aus einfachen Holzklötzen aufgebaut wurde.

4. Bildgeschichten

4.1 Die Sprechblasen des Asterix

Bildgeschichten · 2–6

Lernziele

- Leseförderung
- Von der Sprechblase zur direkten Rede
- Verbindung von Text und Bild

Praxisbezug

Allen Kindern sind Comics geläufig. Deren große Beliebtheit wird gerne als Motivationsfaktor beim Lernen genützt (z. B. Asterix-Hefte im Lateinunterricht). Bei den jüngeren SchülerInnen kann die Comicgeschichte besonders im Dienste der Lesemotivation stehen. Durch das zusätzliche Betrachten der Bilder vergessen ungeübte LeserInnen die Anstrengung, die ihnen eigentlich das Lesen der zahlreichen Texte der Sprechblasen und Untertitel bereitet.

Vorüberlegungen

Benötigt wird eine große Anzahl (mehr als 50) von Bildern aus Comicheften, die weder mit Sprechblasen noch mit Untertiteln versehen sind. Diese werden ausgeschnitten, eventuell auf Karton geklebt und foliert.
Zusätzlich werden etwa 50 kleine Kärtchen gebraucht, die in Sprechblasenform ausgeschnitten sind.

Und so geht's

1. Phase

Die etwa 50 Comicbildkärtchen werden durch Kärtchen ergänzt, die die Form von Sprechblasen haben. Schreiben Sie in diese Sprechblasen kurze Ausrufe, die Gefühle ausdrücken. Dies können Ausrufwörter, Ausrufsätze, aber auch Fragen und Aussagesätze sein, die Verwunderung, Empörung, Zorn, Angst, Freude, Genugtuung, ... ausdrücken.

2. Phase

Jedes Kind zieht ein Bildkärtchen und zwei Sprechblasen. Nur durch Zufall passiert es, dass sofort eine der beiden Sprechblasen zum entsprechenden Bild passt. Durch Tauschen mit anderen SchülerInnen findet schließlich jede/jeder Schülerin zum Bild eine geeignete Sprechblase. Im Gesprächskreis erzählt nun jedes Kind, was auf seinem Bild zu sehen ist und was in diesem Bild gesprochen wird. Es äußert auch Vermutungen, was rund um das im Bild Sichtbare geschehen sein könnte. Zusätzlich können die SchülerInnen erzählen, wann sie in ihrem Leben eine ähnliche Aussage, Ausruf ... getätigt haben. Die Frage könnte auch lauten: „Was müsste passieren, dass es dir so geht wie der Person auf deinem Bild?"

3. Phase

Nun werden die SchülerInnen aufgefordert, ihre Comicbildkärtchen und Sprechblasen beim Schreiben einer Bildgeschichte zu verwenden. Zu diesem Zweck suchen sie sich aus dem Gesprächskreis zwei bis vier PartnerInnen. Alle Bilder dieser Gruppe zusammengefasst ergeben die Comicbildgeschichte.

Varianten

- Comicbilder können auch ohne Sprechblasen zu Bildgeschichten kombiniert werden. Oder auch Sprechblasenkärtchen ohne Bilder können zum Schreiben einer Geschichte animieren.
- Eine leicht handhabbare Form, diese Art der Bildgeschichte einzusetzen: Man sucht sich ein Einzelbild aus, das einen animiert, eine Geschichte zu beginnen. Die Geschichte wird fortgesetzt, indem man sich aus der großen Auswahl von Comicbildkärtchen ein geeignetes aussucht. So findet die Bildgeschichte eine vorerst nicht geplante und auch für die/den SchreiberIn einen unerwarteten und spannenden Verlauf.

4.2 Schachtelkino mit Untertiteln

Lernziele

- Treffende Untertitel zu Bildern formulieren
- Kurze und prägnante Sätze bilden
- Sätze in der Gegenwartsform

Praxisbezug

Das Schachtelkino ist eines der einfachsten und kindgemäßesten Mittel, mit Hilfe eines Mediums ZuhörerInnen und ZuschauerInnen etwas gut erkennbar und verständlich zu präsentieren (und das Präsentieren zu üben).
Die Kinder sind oftmals davon fasziniert, mit einfachen Mitteln und selbst hergestellten Behelfen die Illusion komplizierter technischer Vorgänge simulieren zu können. Wenn die Vorgangsweise den Kindern vertraut ist, wird das Schachtelkino immer wieder gerne in Freiarbeitsstunden und auch an Regentagen zuhause wiederholt. Dabei werden vielfältige Anforderungen an das Kind gestellt: Basteln, Zeichnen, Schreiben ergeben gemeinsam ein Produkt, an dem die Kinder Freude haben und das sie anderen präsentieren.

Vorüberlegungen

Benötigt werden pro Schachtelkino ein Papierstreifen (100 cm Länge, 7 cm Breite; am besten von einer Additions- oder Kassenrolle), eine kleine Schachtel (14 cm Länge, 8 cm Breite) und zwei Stäbchen (z. B. Bleistifte) von ca. 12 cm Länge.

Und so geht's

Auf den Papierstreifen wird ein „Film" gezeichnet, das heißt, die 100 cm „Filmrolle" werden in zehn Abschnitte zu je 10 cm unterteilt. Auf jeden Abschnitt zeichnet das

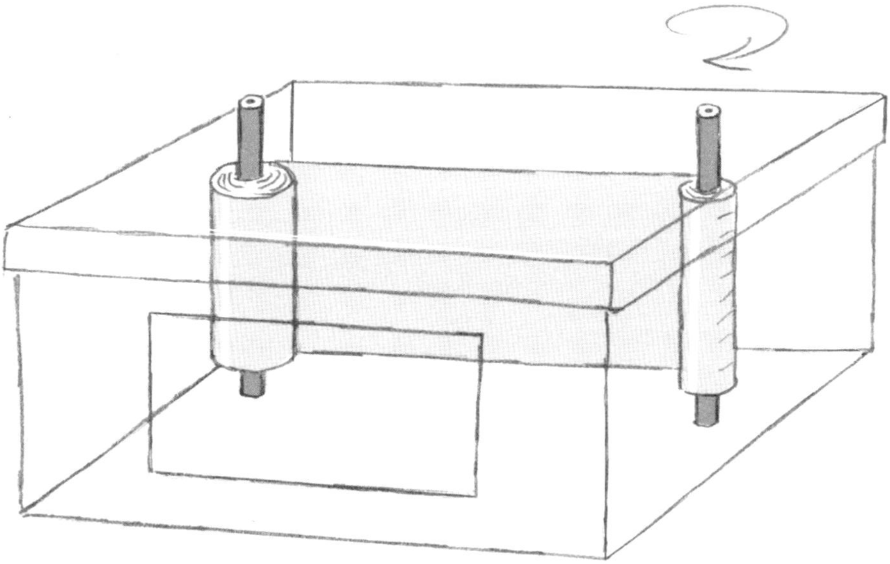

Kind ein Bild (eine Szene) einer von ihm erdachten oder nacherzählten Filmgeschichte. Wie in alten Stummfilmen werden etliche Bilder zum besseren Verständnis mit Untertiteln versehen. Beide Enden der Rolle werden an Bleistiften befestigt und die Filmrolle kann nun auf- und abgerollt werden. Wird diese Vorrichtung in einen Kartonguckkasten (kleine Schachtel) gesteckt, bei dem die Bleistiftenden oben und unten aus Löchern herausragen, kann das Kind die Filmrolle von außen drehen und für die BetrachterInnen den Film langsam ablaufen lassen. Das Schachtelkino mit Untertiteln ist somit fertig.
Wer will, kann den Film noch durch Musik, Tonbandaufnahme oder live dazu gesprochene Kommentare oder Dialoge sowie durch einen kreativ gestalteten Vorspann mit dem Titel und dem Namen des „Filmteams" perfektionieren.

Varianten

Eine ähnliche Form des Präsentierens ist das „Papiertheater": In einer kleinen Schachtel (z. B. Schuhschachtel), die als Bühne dient, werden auf dünnen Holzstäbchen angeklebte Papierfiguren durch Schlitze in den Bühnenraum geschoben: Das Theaterspiel kann beginnen! Die einzelnen Szenen können durch verschiedene Kulissen, die an der Rückwand der Bühne durch Schlitze hineingeschoben werden, zusätzlich belebt werden. Zum Erlernen der Rollen können die erdachten Szenen von den „DramaturgInnen" als dramatisierter Text verschriftlicht werden.

4.3 Lies! Zeichne! Schreib!

Lernziele

- Förderung der bildhaften Vorstellung beim sinnerfassenden Lesen
- Von der Schriftsprache zur Bildsprache führen

Praxisbezug

Die Kinder benötigen vor allem in jungen Jahren viel Bildmaterial, um Freude an Büchern zu haben. Durch Übungen zur Förderung der bildhaften Vorstellung eröffnen wir den Kindern einen rascheren Zugang zu sparsam illustrierter Literatur.
Durch die Verwendung von Gedichten als Originalvorlage finden die SchülerInnen zusätzlich einen Zugang zur Interpretation von Gedichten. Das Zeichnen von Bildern zu Gedichten ist zwangsläufig eine Deutung, ebenfalls das erzählende Formulieren der oft metaphernhaften Aussagen in Gedichten.

Vorüberlegungen

Benötigt werden kurze Geschichten aus Lesebüchern. Auch Gedichte eignen sich; ein gut passendes Beispiel, das „Nachtlied" von H. G. Lenzen, finden Sie unten auf dieser Seite.

Und so geht's

1. Phase

Ein Kind sucht sich eine kurze Geschichte aus einem Lesebuch aus. Es gliedert diese Geschichte in vier bis sechs Szenen und zeichnet zu jeder Szene ein Bild.

2. Phase

Jedes Kind erhält die Bildgeschichte eines anderen Kindes und versucht zu erraten, wie die Textgrundlage dieser Zeichnungen lauten könnte. Es versucht also, selbst einen entsprechenden Text zu schreiben. Wichtig dabei ist, dass diesem zweiten Kind der Originaltext noch nicht bekannt ist.

3. Phase

Die Schülertexte werden mit den Originaltexten aus dem Lesebuch verglichen.

Textbeispiel

Nachtlied

(Hans Georg Lenzen)

In den Träumen, die wir träumen,
wachsen Sterne auf den Bäumen.
Haben Autos goldne Flügel
Und die Stühle Pferdezügel.

In dem Haus, an das wir denken,
zwitschern Vögel auf den Schränken;
in der Wanduhr überm Tisch
schwimmt ein großer Messingfisch.

In dem Zimmer, wo wir schlafen,
wiegen Schiffe sich im Hafen;
über unsere Betten ziehn
Wolken weiß und leicht dahin.

4.4 Bild für Bild

Lernziele

- Genaues Beobachten von Details auf Bildern
- Informationsfragmente zu einem sinnvollen Ganzen zusammenfügen
- Einzelne, vorerst unabhängige Sätze zu einem flüssigen Text verbinden

Praxisbezug

Im Alltag kommt es öfter vor, dass bei Geschehnissen mehrere Menschen nur Teile davon wissen oder beobachten konnten. Alle Aussagen zusammen ergeben ein vollständiges Bild des Geschehens. Wichtig ist dabei das kooperative Zusammenwirken aller Beteiligten.

Vorüberlegungen

Es werden Gruppen von vier bis sechs SchülerInnen gebildet. Zerschneiden Sie eine den SchülerInnen unbekannte Bildgeschichte aus vier bis sechs Bildern in Einzelbilder (jede Gruppe erhält alle Einzelbilder). Wie eine/ein KommissarIn sorgt die/der GruppenleiterIn dafür, dass alle „Puzzleteile" zu einem sinnvollen Ganzen zusammengefügt werden.

Und so geht's

Jede/Jeder SchülerIn erhält ein Einzelbild der Bildgeschichte und darf dieses Bild auf keinen Fall den Gruppenmitgliedern zeigen. Sie/Er erzählt lediglich den Gruppenmitgliedern, was auf diesem Bild zu sehen ist. Nachdem alle Gruppenmitglieder ihr Bild mündlich beschrieben haben, versucht die Gruppe zu einer zusammenhängenden Geschichte zu finden. Nach wie vor bleiben die Bilder der anderen Gruppenmitglieder verborgen. Schließlich erzählt jede Gruppe den anderen Gruppen ihre Version der Bildgeschichte. Zum Schluss erzählen Sie Ihre ursprüngliche Version und zeigen auch die Bildreihe in der richtigen Reihenfolge. Welche Gruppe hat Ihre ursprüngliche Version genau getroffen?

Welche Gruppe hat eine eigene, besonders originelle Lösung gefunden? Nun können die Bildgeschichten verschriftlicht werden. Dies kann einzeln oder in der Gruppe passieren. Die SchülerInnen entscheiden, ob sie die Originalgeschichte oder eine der anderen Geschichten schreiben wollen.

Varianten

- Nach der ersten Erzählphase beraten die Gruppenmitglieder miteinander, wie die Einzelbilder mit wenigen Bleistiftstrichen so verändert werden können, dass die Geschichte besser (spannender, lustiger …) erzählt werden kann.
- Die Aufgabenstellung wird einfacher, wenn die Anzahl der Gruppenmitglieder reduziert wird und jedes Kind zwei Bilder der Geschichte besitzt.
- Besonders schwierig wird die Aufgabe, wenn in der Großgruppe mehrere verschiedene Bildgeschichten in Einzelbildern verteilt werden. Somit ist es erst nach dem Beschreiben der Einzelbilder in der Großgruppe möglich, dass sich die SchülerInnen in kleinen Gruppen nach der Zugehörigkeit zur gleichen Bildgeschichte zusammenfinden.

4.5 Bilder versteinern

Lernziele

- Bewusst machen, dass gelegentlich umfangreiche sprachliche Ergänzungen zu Bildern notwendig sind
- Andererseits sind manchmal sprachliche Ergänzungen nur sparsam notwendig

Praxisbezug

Mit der Methode der Dia-Technik wird die Verbindung zwischen Schreiben, Sprechen, bildhafter Vorstellung und darstellendem Spiel hergestellt. Der Körper der SchülerInnen übt hier eine wichtige unterstützende Funktion aus, um Fantasie und Kreativität anzuregen.

Vorüberlegungen

Bevor die SchülerInnen eine Bildgeschichte verfassen, sollten Sie mit ihnen klären, welche Form der Bildgeschichte sie wählen wollen:
1. Die Bildfolge dient lediglich der/dem SchreiberIn als Anregung, um den LeserInnen oder ZuhörerInnen eine vollständige schriftliche Erzählung zu liefern. Diese Erzählung kommt in weiterer Folge ohne Bildunterstützung aus.
2. Die Bilder ermöglichen es jeder/jedem BetrachterIn ohne Probleme, die Geschichte notfalls auch ohne Text zu verstehen. Der beigefügte Text gibt den Bildern noch etwas „Würze" oder beinhaltet persönliche Gedanken der/des SchreiberIn zu den Bildern. Derartige Ergänzungen können auch Sprechblasen im Bild sein.
3. Die Bildgeschichte besteht aus sehr wenigen Bildern. Der Text dazu ist für die LeserInnen unbedingt notwendig, damit sie die Geschichte nachvollziehen können. Die/Der SchreiberIn braucht also viel Fantasie, um die „Bildlücken" durch sprachliche Elemente zu füllen. In diesem Fall bietet sich beim Gestalten der Seite ein Wechsel zwischen „Bildfeld" und „Textfeld" an. Dies gilt auch für Bildfolgen, deren Einzelbilder bewusst nur sehr undeutliche Darstellungen zeigen, sodass vielfältige Interpretationen durch BetrachterInnen und SchreiberInnen möglich sind.

Und so geht's

Dia-Technik: Bei dieser Methode werden stehende Bilder mittels Personengruppen, die zu Statuen erstarrt sind, dargestellt. Bei den agierenden Kindern bewirkt dies, dass sie die Szenen (eines Märchens, eines Gedichts, einer Sage, einer Bildgeschichte) körperlich und emotional stark erleben, was sich auf die Erzähl- und Schreibmotivation sehr be-

fruchtend auswirkt. Durch ein akustisches Signal, z. B. Gong, wird die Szene aufgelöst, die Statuen (die einzelnen Kinder) wechseln schnell ihre Position, Körperhaltung, Mimik und Gestik, um zur nächsten Szene zu versteinern. Die Phase zwischen den einzelnen Bildern nützt die/der ErzählerIn, um das Geschehen mit Worten zu ergänzen und zu erläutern. Sie/Er kann auch, wo es sinnvoll und wirkungsvoll ist, während der Szenen dem Publikum Teile des Bildes erklären. Die/Der ErzählerIn kann auch die sonst erstarrten SpielerInnen zum Sprechen einzelner Sätze (direkte Rede) animieren (Sprechblasenfunktion).
Im Anschluss an eine gestaltete Menschen-Dia-Serie ist es für die SchülerInnen ein Leichtes, diese Geschichte zu Papier zu bringen.

Varianten

- Darstellung von Gedichten in Dia-Technik.
- Darstellen von selber erfundenen Texten in Dia-Technik.
- Darstellen von vorgegebenen Bildfolgen in Dia-Technik.

4.6 Piktogramm-Bildgeschichte

Lernziele

- Lesen von Symbolen
- Symbole in Sprache umsetzen
- Aufforderungssätze (Piktogrammen Aufforderungssätze zuordnen)

Praxisbezug

Das schnelle Erkennen und Interpretieren von Piktogrammen erleichtert die Bewegung im öffentlichen Leben. In extremen Fällen kann die Fehlinterpretation von solchen Zeichen sogar zu Unfällen oder zu schweren Missgeschicken führen.

Vorüberlegungen

In den Tagen vor dieser Übung bekommen die SchülerInnen den Auftrag, sich nach Piktogrammen (Hinweisschildern in Form von grafischen Symbolen) in ihrer Umgebung umzusehen. Beispiele: WC, Information, Papierkorb, Ausgang, Fluchtweg, Feuerlöscher … Beim Sammeln der Beobachtungsergebnisse können zusätzlich selber kreierte Piktogramme präsentiert werden (siehe auch KV 4, Seite 39).
Als Vorübung in der Gruppe kann ein Piktogramm-Memory gespielt werden: Jedem Piktogrammkärtchen wird ein Kärtchen mit einem Aufforderungssatz zugeordnet, z. B.: „Das Papier bitte in diesen Behälter werfen!"

Und so geht's

Die Kinder ziehen mit geschlossenen Augen aus der Piktogrammsammlung fünf Piktogramme. Die Bedeutung jedes dieser Piktogramme soll bei je einer Szene der Bildgeschichte eine Rolle spielen.

Textbeispiel:

Maria war sehr aufgeregt. Sie durfte heute mit den Eltern mit dem Flugzeug nach Amerika fliegen. Aber es sollte ganz anders kommen: Als sie mit ihrem Auto schon nahe am Flughafen waren, sagte Marias Vater: „Ich muss noch unbedingt zu einer Tankstelle." Marias Mutter meinte: „Mach aber schnell, wir sind schon knapp dran." Als sie getankt hatten, entdeckte Maria am Straßenrand einen Eisstand. „Ich will ein Eis!", rief sie. „Keine Zeit!", entgegnete der Vater, „wir sind schon knapp dran." Beim Flughafen angekommen, brachten die Eltern das Gepäck schnell zur Gepäckaufgabe, während Maria in der Halle auf die Eltern wartete. Plötzlich musste Maria dringend aufs WC. …

Varianten

- Besonderen Spaß macht es Geschichten zu erfinden, bei denen jemand Piktogramme falsch interpretiert oder missachtet.
- Piktogramme können auch bei Rollenspielen als kuriose Requisiten eingesetzt werden. Es bedarf beispielsweise keiner weiteren Erläuterung, wenn ein Herr einen Raum betritt, über dessen Eingang ein Damen-WC-Schild hängt, oder wenn unmittelbar neben einem Nichtraucherschild ein Polizist steht und ein Herr mit Zigarre direkt neben dem Polizisten zu paffen beginnt.

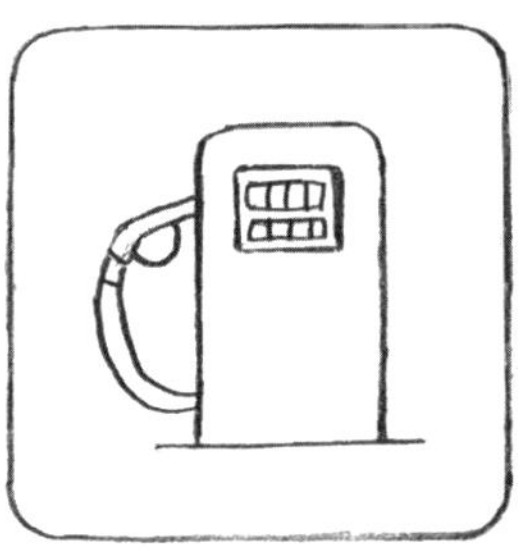

5. Nacherzählungen

5.1 Bingo! Richtig nacherzählt!

Nacherzählungen • 3–6

Lernziele

- Genaues Zuhören, genaues Wiedergeben
- Schnelles, sinnerfassendes Lesen
- Wörter suchen
- Satzglieder isolieren
- Akustisch dargebotene Wörter in Sätzen wiedererkennen

Praxisbezug

Manchmal werden Erzählungen von Mitmenschen beim Weitererzählen zu stark verändert. Daraus entstehen im Alltag oft Missverständnisse, Gerüchte und Konflikte. Deshalb sollte das genaue Nacherzählen immer wieder trainiert werden.

Vorüberlegungen

Bei Nacherzählungen darf der Inhalt prinzipiell mit eigenen Worten wiedergegeben werden. Als Wortgedächtnistraining können Sie jedoch die SchülerInnen gelegentlich animieren, die Sprache der Erzählung so genau wie möglich zu verwenden. Dies erreichen Sie, indem Sie die SchülerInnen darauf aufmerksam machen, dass ans Schreiben das Spiel „Bingo! Richtig nacherzählt!" anschließt. (Bei Bedarf wird das Spiel erklärt.)

Und so geht's

Nach dem zweiten Mal Vorlesen schreiben die SchülerInnen ihre Nacherzählung. Dann folgt die Spielphase: Lesen Sie wichtige einzelne Wörter aus dem Erzähltext vor, die SchülerInnen kontrollieren auf ihrem Zettel, ob sie dieses Wort in ihrer Nacherzählung verwendet haben. Jedes verwendete Wort hakt das Kind auf seinem Zettel ab. Wer als Erste/Erster zehn Häkchen erreicht, ruft „Bingo" und ist SiegerIn.

Varianten

- Sie können in der Spielphase auch Satzteile oder ganze Sätze anbieten, die SchülerInnen dürfen jedes Wort abhaken, das sie auf ihrem Zettel wiedererkennen können.
- Schwierige Variante: Schreiben Sie die Wörter, die abgehakt werden dürfen, an die Tafel.
- Besonders begabte SchülerInnen können die Spielleitung übernehmen und sind dabei gefordert, Wichtiges (wichtige Wörter, wichtige Satzteile und Sätze) als solches zu identifizieren und den anderen SchülerInnen zu präsentieren. Dabei kann auch das Lernziel „Satzglieder erkennen" angesprochen werden.

5.2 Stichwortpuzzle

Lernziele

- Stichwörter finden und diese beim Erstellen einer Nacherzählung verwenden

Praxisbezug

Nicht jeder Mensch ist gleich schnell aufnahmefähig. Beim eigenständigen Lesen von Zeitungen, Zeitschriften und Büchern haben wir die Möglichkeit, nach Belieben oft nachzulesen. Wenn wir allerdings auf Gehörtes angewiesen sind, bekommen wir diese Information meist nur einmal. Diese Tatsache wird jedoch den verschiedenen Wahrnehmungs- und Gedächtnistypen zu wenig gerecht. Stichwörter bieten einen Weg, der es jeder/jedem SchülerIn ermöglicht, ihren/seinen Fähigkeiten entsprechend zu einem Ergebnis zu kommen.

Vorüberlegungen

Bei dieser Übung werden Stichwörter intensiv eingesetzt. Der gekonnte Umgang damit ist eine wichtige Hilfe beim Lernen und auch im Alltag. Daher sollte mit den SchülerInnen geklärt werden, was Stichwörter sind und wozu sie dienen können. Denn ohne entsprechende Vorübungen können die Kinder oft nicht zwischen wichtigen und unwichtigen Wörtern unterscheiden.

Und so geht's

Die Geschichte, die nacherzählt werden soll, wird unendlich oft vorgelesen: beim ersten Mal in flüssigem Tempo, beim zweiten Mal langsamer. Die SchülerInnen sind dabei aufgefordert, sich Stichwörter zu den einzelnen Textstellen zu notieren. Dabei sollen sie nach jedem Stichwort mehrere Zeilen freilassen.
Beim dritten Mal Vorlesen fallen den SchülerInnen weitere Wörter auf, die als Stichwörter geeignet sind. Sie schreiben diese Begriffe an die richtige Stelle auf ihren Stichwortzettel. Die SchülerInnen, die glauben, genügend Stichwörter zu haben, können bereits mit dem Schreiben ihrer Nacherzählung beginnen.
Andere SchülerInnen wollen sich weitere Notizen machen und hören vielleicht bis zum fünften, sechsten oder siebten Vorlesen zu. Die Übung heißt „Stichwortpuzzle", weil sich die Stichwortnotizen immer mehr zur fast fertigen Nacherzählung verdichten.
Sinnvoll ist es, dass eine/ein gute/guter LeserIn den Text liest, sodass Sie zur Fehlerkorrektur für jene SchülerInnen zur Verfügung stehen können, die bereits mit dem Schreiben beginnen wollen.

Varianten

Wird diese Methode zum ersten Mal verwendet, können die SchülerInnen Sie durch Zuruf bitten, die Stichwörter – zugunsten der guten Rechtschreibung – an die Tafel zu schreiben.

5.3 Weiter-weiter-weitererzählen

Lernziele

- Texte in Abschnitte gliedern
- Textstellen auffinden
- Adressatengerechtes Nacherzählen
- Kooperatives und kommunikatives Schreiben

Praxisbezug

Bei „Kettenerzählungen", wie sie im Alltag sehr häufig vorkommen (der eine Nachbar erzählt dem anderen weiter, was er von einer Bekannten gehört hat), wird das Erzählte häufig verändert. Im Zusammenhang mit diesem „Kettentext" kommen Sie mit den SchülerInnen auch auf das Thema „Gerüchte" zu sprechen.

Vorüberlegungen

Zu diesem Spiel ist genaues Merken wichtig, dazu hilft das Aufschreiben. Benötigt wird eine Geschichte (Märchen, Sage, Legende, Erlebniserzählung), die auf einem gemeinsamen Zettel geschrieben steht und auf einem „Schülertextzettel" wiedergegeben wird. Da bei diesem „Kettentext" immer nur zwei SchülerInnen beschäftigt sind, eignet sich diese Übung für Frei- oder Stillarbeitsphasen, in denen die übrigen SchülerInnen gerade mit anderen Arbeiten beschäftigt sind. Um ihren Beitrag zum „Kettentext" zu leisten, unterbrechen sie diese Tätigkeit für etwa zwanzig Minuten. Daher wird das Verfassen dieses Textes längere Zeit in Anspruch nehmen (diese Stunden können auch auf mehrere Tage verteilt werden).

Und so geht's

Am Lehrertisch liegt der Originaltext einer Geschichte. SchülerIn A liest den ersten Absatz dieser Geschichte durch und erzählt das Gelesene dem nächsten Kind (SchülerIn B). Dieses schreibt auf dem Schülertextzettel eine Nacherzählung über diesen Abschnitt. Dann liest es den Originaltext bis zum nächsten Abschnitt weiter. SchülerIn B erzählt nun den Inhalt dieses zweiten Abschnittes SchülerIn C, die/der die Nacherzählung auf dem Schülertextzettel fortsetzt. Nun liest sie/er im Originaltext den folgenden Absatz. Es kommen so viele SchülerInnen an die Reihe, bis die Geschichte fertig nacherzählt ist.
Am Ende wird vom letzten Kind die ganze Erzählung vorgelesen. Besonders für die allerersten SchülerInnen wird es spannend sein zu hören, wie die von ihnen begonnene Geschichte weitergeht und endet.

5.4 Nacherzählungsverwirrspiel

Lernziele

- Konzentriertes Zuhören
- Mehrere „Gedächtnisspeicher" gleichzeitig aktivieren
- Partnerschaftliches Schreiben

Praxisbezug

Im Alltag sind wir häufig vielfältigen Eindrücken ausgeliefert. Mehrere Menschen reden gleichzeitig, mehrere Medien dringen zur selben Zeit auf uns ein. Oftmals wird dann von uns gefordert, alles gleichzeitig aufzunehmen und diese Informationen zu verarbeiten. Versuchen wir einmal dieser stressbesetzten Tatsache in etwas geordneterer Form zu begegnen.

Vorüberlegungen

Wählen Sie zwei sehr unterschiedliche Geschichten aus. Weiters sind zwei SchülerInnen nötig, die sehr flüssig vorlesen können und sehr unterschiedliche Stimmen haben, um den ZuhörerInnen ihre Aufgabe zu erleichtern.

Und so geht's

Sobald SchülerIn A den ersten Absatz gelesen hat, liest SchülerIn B den ersten Absatz der zweiten Geschichte vor. Dann setzt SchülerIn A mit dem nächsten Absatz ihrer/seiner Geschichte fort. Nun kommt wieder SchülerIn B an die Reihe. Dieses Wechselspiel wird bis zum Ende der Geschichten fortgesetzt. Eine verwirrende Sache! Wer konnte beiden Geschichten folgen und diese nacherzählen? Partnerweise geht es wahrscheinlich besser.

Varianten

- Für SchülerInnen, die Probleme mit dieser schwierigen Aufgabenstellung haben, sollte es möglich sein, bei anderen Paaren nachzufragen, in deren Text nachzuschauen oder auch die Originaltexte fallweise zu Hilfe zu nehmen.
- Schwieriger wird die Aufgabe, wenn nicht die Abschnitte der beiden Geschichten, sondern deren einzelne Sätze wechselweise vorgelesen werden.

5.5 Was ist auf dem Umschlag los?

Lernziele

- Inhaltsangaben und Nacherzählungen unterscheiden können
- Das Wesentliche von Erzählungen wiedergeben können
- Verwendung von Gegenwart und Mitvergangenheit
- Fantasie durch Titel, Titelbilder und Klappentexte beflügeln

Praxisbezug

Bei Kindern findet meistens nur das Titelblatt eines Buches Beachtung, nicht jedoch die Rückseite, die üblicherweise eine Inhaltsangabe des Buches präsentiert. Haben die Kinder jedoch einmal mit so einem Klappentext Bekanntschaft gemacht, werden sie bei der Buchauswahl öfter auf dieses Hilfsmittel zugreifen.
Oft gelingt es den Kindern nicht, anderen Kindern in geeigneter Weise Informationen über gelesene Bücher zu geben. Sie landen bei einer überlangen, ausführlichen Nacherzählung der Geschichte, manchmal erzählen sie nur Unwesentliches und manchmal ist die Erzählung zu knapp. Mit dieser Übung können Sie die Kinder zu einer Balance zwischen langatmigem und langweiligem Erzählen und zu knapp formulierten Inhaltsangaben führen.

Vorüberlegungen

Zu dieser Übung werden Bücher benötigt, deren Titelblatt mit einem anregenden Titelbild versehen ist. Die kurze Inhaltsangabe auf der Rückseite des Umschlages sollte sehr treffend sein und für die SchülerInnen beispielhaft zeigen, in welcher Art eine Inhaltsangabe das Interesse weckt und treffende Informationen gibt.

Und so geht's

Schüler Manuel hat ein Buch gelesen und möchte dieses der Klasse vorstellen. Dabei sollen die MitschülerInnen besonders aktiv an seiner Präsentation teilnehmen. Er zeigt zuerst die Titelseite mit dem Titel und dem Titelbild. Einzelne SchülerInnen versuchen in mehreren Sätzen zu fantasieren, worum es in diesem Buch gehen könnte.

Beispiel:

Auf dem Titelblatt ist „Gespensterjagd bei Oma Hata" zu lesen, das Titelbild zeigt zwei Kinder, die den Deckel einer großen Holztruhe geöffnet haben und mit der Taschenlampe in die Truhe leuchten. Die Kinder blicken sehr erstaunt drein. Rund um die Truhe stehen Gegenstände herum, wie sie in Dachböden zu finden sind: ein altes Grammofon, eine ausgediente Stehlampe, ein alter Koffer, Schachteln, Kisten, Flaschen, ein Schrank.

Angesichts des Titelblattes fällt Romana Folgendes ein:
Diese Geschichte handelt von zwei Kindern, die bei ihrer Großmutter auf Besuch sind. Die Großmutter hat ihnen am Vorabend eine Gute-Nacht-Geschichte erzählt, bei der ein Gespenst vorkommt. In der Nacht hören die beiden eigenartige Geräusche. Am nächsten Tag beschließen die

beiden, das Haus nach Gespenstern zu durchsuchen. Doch sie finden im Haus lediglich den scheuen Kater Schnurr, der hier ganz heimlich ohne das Wissen von Oma Hata wohnt.

In weiterer Folge präsentiert Manuel den Text auf der Rückseite des Umschlages, den Klappentext:
In Oma Hatas altem Haus gibt's ein Gespenst. Das muss so sein, wo doch dauernd etwas verschwindet. Also gehen Janna und Charlie auf Gespensterjagd und finden Schimmi, ein kleines Gespenst mit einem großen Problem. Klar, dass Janna und Charlie gerne helfen.

Jetzt wissen die ZuhörerInnen schon mehr vom Inhalt. Sie erfinden nun weitere Details zu der Geschichte und kommen zu einer erweiterten Inhaltsangabe.

Textbeispiel:
Eines Tages erzählt Oma Hata ihren beiden Enkelkindern, die bei ihr auf Besuch sind, dass es in ihrem Haus ein Gespenst gibt. Oma Hata hat das Gespenst noch nie gesehen, aber sie hat bemerkt, dass morgens immer wieder Gegenstände fehlen. Da es in diesem Dorf keine Diebe gibt, kann es also nur ein Gespenst sein, das die Sachen verschwinden lässt. Janna und Charlie beschließen dem Gespenst das Handwerk zu legen. Tatsächlich finden sie in einer Truhe am Dachboden alle verschwundenen Gegenstände und auch das Gespenst Schimmi, das zwischen diesen Gegenständen schläft. Schnell versperren sie den Deckel der Kiste und als das Gespenst erwacht, möchte es natürlich heraus. Janna und Charlie wollen es aber erst herauslassen, wenn es erzählt, warum es so diebisch ist. Sie erfahren, dass Schimmi deshalb so viel stiehlt, wie ihm so langweilig ist. Da versprechen Janna und Charlie, jeden Tag auf den Dachboden zum Spielen zu kommen – aber ganz geheim. Oma Hata weiß bis heute nicht, dass es das Gespenst Schimmi wirklich gibt und dass es in einer Truhe am Dachboden wohnt.

Nun ist es natürlich besonders spannend für die anderen SchülerInnen, endlich von Manuel den tatsächlichen Verlauf der Geschichte „Gespensterjagd bei Oma Hata" erzählt zu bekommen.
Wenn Sie die SchülerInnen auffordern, sich noch einmal an den Klappentext zu erinnern und diesen zu formulieren, sind sie bei der Textgattung „Inhaltsangabe" angelangt.

Varianten

Diese Übung kann gemeinsam, einzeln, zuerst mündlich oder auch gleich schriftlich – je nach Leistungsniveau der SchülerInnen – angeboten werden.

6. Erfundene und wahre Geschichten

6.1 Minimärchen

Erfundene und wahre Geschichten • 2–5

Lernziele

- Vorgegebene Satzanfänge in eigene Geschichten einbauen

Praxisbezug

Menschen mit wenig Fantasie haben häufig Probleme, sich in die Gedankenwelt anderer einzufühlen, da sie in sehr eingeengten Bahnen denken. Im Gespräch mit ihnen hören wir oft als Kommentar zu unseren eigenen Äußerungen: „Das kann ich mir nicht vorstellen …" Dieser Mangel an Fantasie führt deshalb oft zu Kommunikationsschwierigkeiten. Wie unterhaltsam ist es doch mit Menschen zu plaudern, die mit viel Fantasie erzählen können!

Vorüberlegungen

Kinder, die Schreibhemmungen haben, schrecken schon angesichts von großen Schreibzetteln zurück („So viel fällt mir sicher nicht ein"). Minimärchen werden prinzipiell auf winzige Zettel geschrieben oder auf große Zettel, in deren Mitte ein kleines Textfeld angebracht ist, das rundum dann mit einem Rahmen oder mit Zeichnungen umgeben werden kann. In Freiarbeitsphasen oder in kurzen Unterrichtsphasen, bei denen einzelnen SchülerInnen Zeit bleibt, ist das Verfassen von Minimärchen eine beliebte Arbeitsform. Das unten angeführte „Minimärchen-Muster" kann als „Dauerplakat" in der Klasse zur Unterstützung angebracht werden.

Und so geht's

Das Minimärchen besteht lediglich aus drei Zeilen und das Verfassen ist deshalb für alle SchülerInnen in kurzer Zeit zu bewältigen. Es wird immer nach dem gleichen Sprachmuster verfasst, die Satzanfänge sind immer gleich.

Minimärchen-Muster:	Textbeispiel:
Es war einmal …	*Es war einmal ein Tintenklecks.*
Diese/Dieser …	*Dieser Tintenklecks hüpfte lustig über das Heft.*
Doch eines Tages …	*Doch eines Tages kam der Tintenkiller.*

Varianten

- Das angeführte Beispiel zeigt das Minimärchen mit offenem Ende. Das offene Ende regt die LeserInnen zum Weiterdenken und zum Spielen mit der Fantasie an. Allerdings kann das Minimärchen auch zum Abschluss gebracht werden, indem ein vierter Satz hinzugefügt wird: „Da …" Beispiel: Da flüchtete der Tintenklecks vor dem Tintenkiller und sprang in ein anderes Heft.
- Durch seine Kürze und durch die einfache Textgestaltung eignet sich das Minimärchen auch für den Fremdsprachenunterricht.

6.2 Das Ofenrohr hustete vor Lachen

Lernziele

- Zusammengesetzte Nomen (Substantive)
- Sichere Verwendung der Mitvergangenheit

Praxisbezug

Kinder lieben Märchen und lieben es, ein und dasselbe Märchen immer wieder präsentiert zu bekommen. Das Umgestalten (Verändern, Erweitern, Darstellen) von Märchen lässt die Kinder dieses noch intensiver erleben.

Vorüberlegungen

Als Vorübung werden Gegenstände gesucht, die aus einem Hauptteil und einem Nebenteil bestehen: Der Hauptteil ist das Gegenstandsganze, der Nebenteil ein Teil des Ganzen (= kindgemäße Erklärung), z. B.: Baum – Blatt / Bleistift – Mine / Fernseher – Bildschirm / Tür – Türklinke / Brille – Brillenglas.
Als Trick bietet sich dabei an, mit einem Wort ein zusammengesetztes Nomen zu bilden, wie bei Brille – Brillenglas / Tür – Türklinke.

Und so geht's

Gesucht werden Märchen-Passagen, die geeignet sind, Pflanzen oder Gegenständen Leben einzuhauchen, sodass sie auf das Geschehen in dem Märchen reagieren.

Textbeispiel:

Die Nadel stach vor Schreck den Schneider in den kleinen Finger.
Das Fenster zersplitterte vor lauter Lachen in seine Einzelteile.
Der Zeiger der Uhr wanderte vor Entsetzen von acht Uhr auf zwölf.
Das Ofenrohr hustete vor Lachen den Ruß bei der Ofentür heraus.
Die Linde verlor vor lauter Angst ihre letzten Blätter.

6.3 Das Fenster zog seine Vorhänge zu

Lernziele

- Direkte Rede
- Begründungen formulieren

Praxisbezug

Assoziationsübungen dienen der Förderung der Intelligenz.

Vorüberlegungen

Eine Assoziationsübung erleichtert die Themenfindung: Gesucht werden Gegenstände, die gemeinsam mit einem anderen eine Einheit bilden und die einander zum Funktionieren brauchen: Fenster und Vorhang, Traktor und Anhänger, Speise und Besteck, Ofen und Ofenrohr, Mantel und Kleiderhaken …

Und so geht's

Gegenstände handeln plötzlich so, wie sie eigenständig nicht handeln könnten. Sie führen Handlungen aus, die ansonsten Menschen mit ihnen vollziehen. Dabei tritt der Gegenstand in Dialog mit seiner Umgebung.
Beispiele:
Das Fenster zog seine Vorhänge zu …
Der Traktor hängte seinen Anhänger ab …
Die Gabel stach in den Salat …
Als Hilfe stehen den kreativen SchreiberInnen einige Fragen (bei unserem Textbeispiel fett gedruckt) zur Verfügung.

Textbeispiel:

Wer tat was?
Das Fenster zog seine Vorhänge zu.
Warum?
Es hatte es satt, immer von den Blicken der Vorbeigehenden durchdrungen zu werden.
Was meinte der Vorhang dazu?
Der Vorhang sagte: „Warum zerrst du so an mir? Ich bin noch gar nicht müde. Hast du Angst, dass der Mond beim Fenster hereinschauen könnte?"
Was passierte dann?
Der Vorhang blickte aus dem Fenster und sah viele interessante Sachen, die er noch nie gesehen hatte. Als das Fenster ihn am nächsten Tag wieder zurückziehen wollte, ließ sich das der Vorhang nicht gefallen. Er ließ sich einfach nicht mehr zurückziehen.
So blieb es für alle Zeiten finster in diesem Zimmer.

6.4 Die Ausflüge des Herrn Spaghetti

Lernziele

- Über sich selber erzählen
- Beobachtungen wiedergeben
- Umwandeln einer Erzählung von der Ich-Form in die 3. Person

Praxisbezug

Mit großem Interesse hören Kinder Erzählungen aus dem Nahbereich ihrer MitschülerInnen, von deren Familienleben und kleinen alltäglichen Konfliktsituationen. Wie so oft beim Puppenspiel erleben wir, dass es stellvertretenden Figuren eher erlaubt ist, offen über tabuisierte Dinge zu erzählen. Mit der Puppe in der Hand erzählen die Kinder frei von der Leber weg.

Vorüberlegungen

Falls es in der Schulklasse ein Klassenmaskottchen gibt, kann dieses gelegentlich einzelne SchülerInnen zuhause besuchen (z. B. darf das Geburtstagskind das Maskottchen mit nach Hause nehmen).

Und so geht's

So besucht zum Beispiel die kleine Holzpuppe namens Herr Spaghetti die Geburtstagskinder der Volksschule Magdalenaberg, um am nächsten Tag zu erzählen, wie es im Haus des Geburtstagskindes so zugegangen ist, wobei ihm das Geburtstagskind seine Stimme leiht. Diese Erzählungen werden in einem Geschichtenbüchlein mit dem Titel „Die Ausflüge des Herrn Spaghetti" zusammengefasst.

Varianten

- Schwierigere Variante: Die Erzählungen des Herrn Spaghetti können von den ZuhörerInnen von der Ich-Form in die 3. Person umgewandelt werden:
  „Herr Spaghetti war gestern zu Besuch bei Birgit. Dort hatte er einige sonderbare Erlebnisse ..."
- Das Maskottchen lebt in einer Schachtel verborgen im Klassenzimmer. Natürlich bleibt seinen Ohren kaum etwas vom alltäglichen Leben im Klassenzimmer verborgen. Am Ende eines Schultages kann das Maskottchen gebeten werden, einiges über das, was es auf diese Art mitbekommen hat, zu erzählen.

6.5 Schreiben an besonderen Orten

Lernziele

- Förderung der Wahrnehmung und der Konzentration
- Erzählen in der Mitvergangenheit und in der Möglichkeitsform

Praxisbezug

Für manche Menschen ist es schwierig, sich für eine Stunde oder länger irgendwo alleine in der Natur oder an anderen einsamen Plätzen aufzuhalten. Viele Leute brauchen ständig lebhafteste Umweltreize, um nicht von Langeweile geplagt zu werden. Gedankenspiele, die in solchen Situationen unsere Fantasie einschalten, oder das bewusste Einsetzen der Wahrnehmung unserer Umwelt sorgt für „erlebnisreiches Alleinsein".

Vorüberlegungen

Vorübung: Die Kinder führen einander partnerweise an der Hand durch das Haus oder durch die Natur, wobei dem einen Kind die Augen verbunden wurden. Hin und wieder bringt die/der Führende die/den „Blinden" zu einem besonderen Gegenstand, den diese/dieser abtasten soll. Bleibt die/der Sehende stehen, bedeutet das für das andere Kind eine Aufforderung zum Lauschen, Riechen und Spüren. Gelegentlich bleiben die beiden auch stehen und die/der Blinde wird aufgefordert, sich niederzusetzen, sich hinzulegen oder sich anzulehnen. Dieses Kind soll nun dem sehenden Kind seine Vermutungen mitteilen, wo es sich gerade befindet, wie der Boden beschaffen ist und was über ihm, links und rechts sein könnte. Die/Der Führende kann aber auch wie eine/ein BetreuerIn einer/eines Blinden hin und wieder Teile der Umgebung beschreiben.

Und so geht's

Die Kinder setzen sich an einen Platz im Garten, an der Hausmauer, im Park oder einfach an irgendeinen Platz im Haus. Sie blicken um sich und sehen einen besonderen einzelnen Gegenstand, eine Pflanze oder ein Tier. Sie erzählen eine Geschichte darüber, was der Gegenstand, die Pflanze, das Tier an diesem Platz bereits erlebt haben könnte, wie es hingekommen sein könnte oder was es an diesem Platz alles gehört und gesehen haben könnte. Dazu ist es notwendig, sich in dieses Ding, diese Pflanze, dieses Tier gut hineinversetzen zu können. Eine Hilfe dabei ist es, die Augen zu schließen und besonders auf die Geräusche um diesen Platz herum zu achten. Vielleicht gibt es an diesem Ort auch besondere Gerüche, besondere Lichtverhältnisse oder andere Besonderheiten, die das Beobachtungsobjekt umgeben.
Für ganz kreative Ideen ist es lohnend, sich an außergewöhnliche Orte zu begeben: auf einen Baum klettern, in eine Höhle oder in ein Zelt kriechen, sich in einen Stall, in eine Kirche, in ein Autowrack setzen, auf einen Brunnen, in eine Toilette, auf eine alte Kutsche, auf einen großen Stein im Bach, auf eine Brücke, neben eine Ruine usw.

Textbeispiel:

Im Schulgarten

Ich sitze im Schulgarten auf einem Holzstamm.
Es stapft gerade eine Katze vorbei.
Sie kommt immer näher und ich streichle sie.
Es ist sehr still und es zwitschern Vögel.
Die Katze kommt wieder, sie nimmt mir
den Bleistift weg.

Bernd kommt gerade.
Ich sehe Stift Kremsmünster.
Die Katze sonnt sich.
Sie sieht einen Vogel.
Jetzt streichle ich sie.
Sarah sitzt neben mir.
Bernd geht gerade Drittklassler verhaften.
Die Katze schmeißt mir den Block aus der
Hand.
Jetzt spaziert sie weiter.
Sie geht zu Sarah.
Sarah streichelt die Katze.
Sie kommt zu mir.
Bernd sagt gerade „aufpassen!"
Jetzt kommen die Drittklassler heraus.
Wir müssen ihnen unseren Text vorlesen.

Ende

Raffaela 9
4. Klasse

Varianten

- Schwierigere Variante: Besondere Aufträge sind: Schreib eine Geschichte an einem einsamen Ort / an einem engen Platz / in einem kühlen Raum / in der strahlenden Sonne / im Bett / in der Badewanne / während einer Bahnfahrt / hoch oben auf dem Berg / an einer lauten Straße / in Anwesenheit von Haustieren …
- Leichtere Variante: Es können auch ganz realistische Beobachtungen und Wahrnehmungen beschrieben werden. Als Hilfe kann folgender Textbeginn angeboten werden: „Wenn ich mich hier immer aufhalten würde, würde ich …"

(Siehe auch: Bernd Badegruber, Neue Ideen zum offenen Lernen, Veritas-Verlag 2002, S. 84)

Lernziele

- Auseinandersetzung mit alten Sprachmustern
- Recherchieren in Büchern

Praxisbezug

Wappen auf alten Gebäuden, auf Fahnen, Bildern … laden immer wieder zum aufmerksamen Betrachten und Interpretieren ein.

Vorüberlegungen

Suchen Sie in Büchern nach mittelalterlichen Wappen und erklären Sie den SchülerInnen, dass diese Wappen mit dem Leben oder mit einem konkreten Erlebnis der Wappenbesitzer eng verwoben sind.
Mittelalterliche Wappen strahlen oft etwas Geheimnisvolles auf die BetrachterInnen aus. Vor allem dann, wenn ausgefallene Wappentiere oder Gegenstände zu sehen sind, beflügelt es die Fantasie, die in längst vergangene Zeiten versetzt. Erinnerungen an spannende Sagen und Legenden tauchen auf, Vermutungen, was wohl in alten Zeiten diesem Adelsgeschlecht widerfahren sein könnte, schwirren durch den Kopf.

Und so geht's

Manche Wappen zeigen mehrere Tiere oder Gegenstände (als Beispiel hier das Wappen von Kremsmünster) und animieren ähnlich wie bei Reizwortgeschichten diese Darstellungen zu geheimnisvollen Geschichten zu verweben. Als zusätzliche Hilfe bieten Sie den SchülerInnen einige **Satzanfänge** an:
Einst lebte …
In alten Zeiten …
Eines Tages begab es sich, dass …
In fernen Landen …
In … lebte vor langer Zeit …
Allerlei sonderbare Geschichten ranken sich um …
Mit dem Namen … ist ein sonderbares Ereignis verknüpft.
In sagenhaften Zeiten soll angeblich …
Auf der heute in Trümmer zerfallenen Burg …

Varianten

Besonderen Spaß macht es, die von den SchülerInnen kreierten Geschichten mit der Ihnen bekannten Legende zu vergleichen, vor allem dann, wenn Sie unter die Schülertexte, die Sie vorlesen, den Originaltext über die Herkunft des Wappens „hineinschummeln". Auf die Frage, welche Geschichte den Kindern am besten gefalle, kann es durchaus passieren, dass der Originaltext bei den SchülerInnen weniger gut ankommt als die spannenden und originellen Geschichten der MitschülerInnen.

7. Sachlich bleiben

7.1 Alptraum, Birne, Computer

Sachlich bleiben • 2–6

Lernziele

- Alphabetisches Reihen von Begriffen
- Schreiben in kurzen, sachlichen Sätzen

Praxisbezug

Zum Lernen und zum Wissenserwerb ist die Verwendung von Lexika wichtig. Der richtige Umgang damit kann durch die aktive Auseinandersetzung mit dieser Textart unterstützt werden.

Vorüberlegungen

Die SchülerInnen werden mit kurzen Texten aus Kinderlexika konfrontiert. Diese Texte beinhalten oft nur fünf bis zehn Sätze und sind in sehr kindgemäßer Sprache verfasst (Beispiele siehe Seite 54).

Und so geht's

Jedes Kind legt ein Heft an, in welchem es am Jahresanfang jeweils eine Doppelseite einem Buchstaben des Alphabets widmet. In großen Zierbuchstaben werden am Anfang des Schuljahres diese Buchstaben auf den Kopf der Seite gemalt. Im Laufe des Schuljahres sollte sich dieses Heft zu einem alphabetisch geordneten Lexikon entwickeln, bei dem auf jeder Doppelseite mindestens ein Text zum entsprechenden Buchstaben steht. Als Hilfe dient den Kindern die Information, dass sie auch ganz einfache Begriffe beschreiben können, da es ja auch Lexika für ganz junge und noch sehr unwissende Kinder gibt. So kann beispielsweise auch in wenigen Sätzen ein Apfel erklärt werden. Die Kinder dürfen (beziehungsweise sollen sogar) Lexika zu Hilfe nehmen, um ihren eigenen Lexikontext zu gestalten (verändern, kürzen, zitieren).

Varianten

- Leichtere Variante: Bei den ersten Versuchen Lexikontexte zu erfinden, bleiben die Kinder meist im gegenständlichen Bereich. Überschriften für ihre Texte können sein:
  A: Affe / B: Birne / C: Computer / D: Dosen / E: Engel / F: Fahrrad …

- Schwierigere Variante: Reifere SchülerInnen schreiben schon an abstrakten Begriffserklärungen:
  A: Alptraum / B: Betrug / C: Clownerien / D: Dankbarkeit / E: Eifersucht / F: Freude …

Textbeispiel:

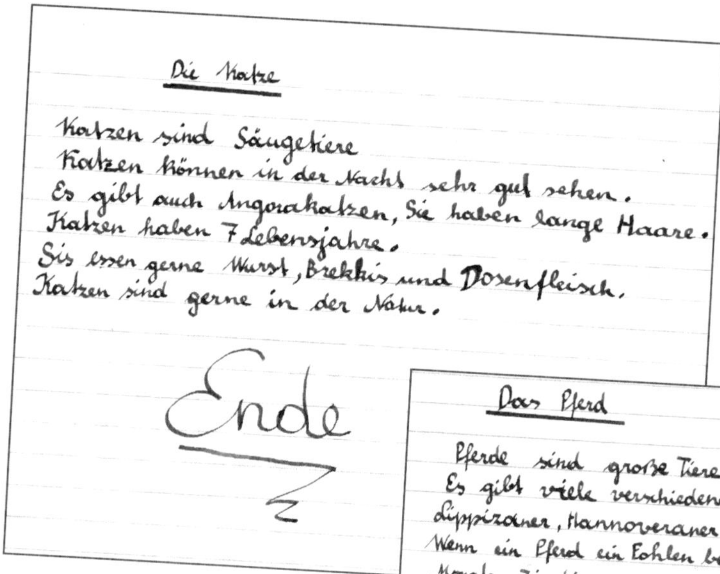

Die Katze

Katzen sind Säugetiere
Katzen können in der Nacht sehr gut sehen.
Es gibt auch Angorakatzen, Sie haben lange Haare.
Katzen haben 7 Lebensjahre.
Sis essen gerne Wurst, Brekkis und Dosenfleisch.
Katzen sind gerne in der Natur.

Ende

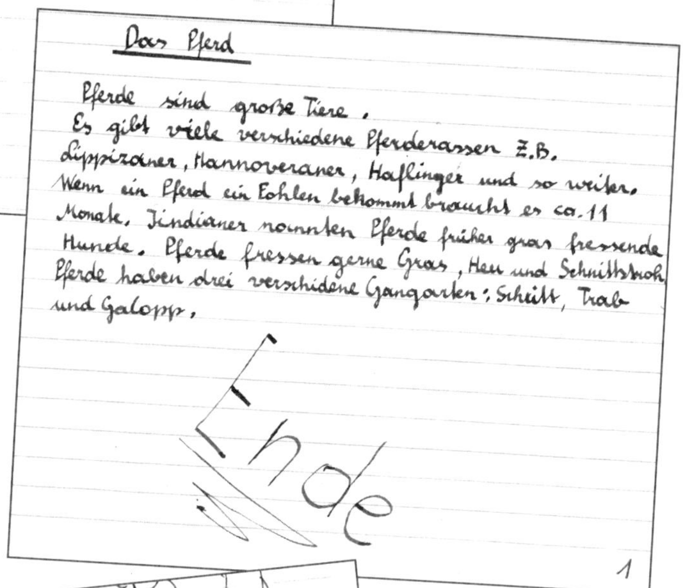

Das Pferd

Pferde sind große Tiere.
Es gibt viele verschiedene Pferderassen z.B.
Lippizaner, Hannoveraner, Haflinger und so weiter.
Wenn ein Pferd ein Fohlen bekommt braucht es ca. 11
Monate. Indianer nannten Pferde früher gras fressende
Hunde. Pferde fressen gerne Gras, Heu und Schnittstroh.
Pferde haben drei verschidene Gangarten: Schritt, Trab
und Galopp.

Ende

1

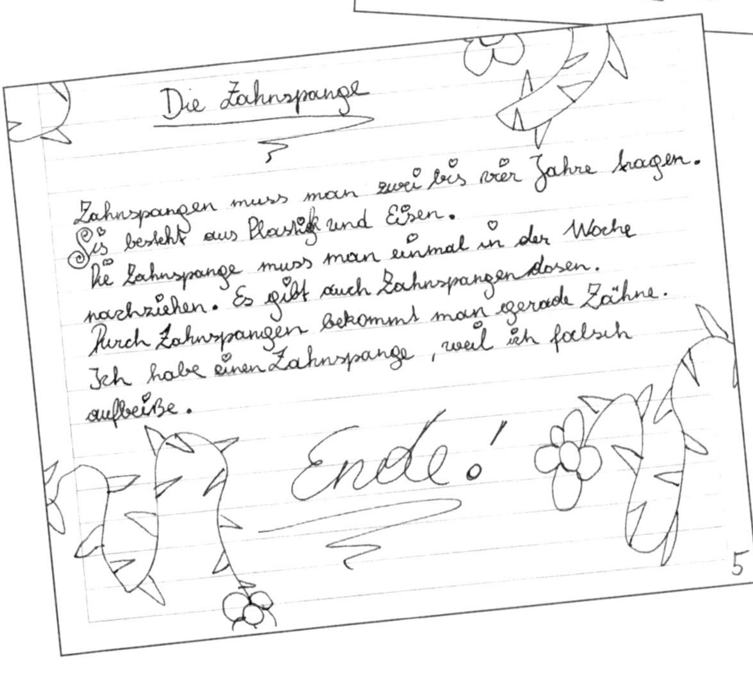

Die Zahnspange

Zahnspangen muss man zwei bis vier Jahre tragen.
Sis besteht aus Plastik und Eisen.
Die Zahnspange muss man einmal in der Woche
nachziehen. Es gibt auch Zahnspangendosen.
Durch Zahnspangen bekommt man gerade Zähne.
Ich habe einen Zahnspange, weil ich falsch
aufbeiße.

Ende!

5

7.2 Nur keine Beschimpfungen!

Lernziele

- Appellative Sätze formulieren
- Gefühle in schriftlicher Form ausdrücken

Praxisbezug

Schreiben kann appellativen Charakter haben. Appelle werden jedoch im Alltag oft in mündlicher Form sehr impulsiv und unsachlich geäußert. Die schriftliche Form seine Wünsche, Beschwerden, aber auch seine Begeisterung öffentlich zu zeigen, erlaubt zwar das Kundtun der gleichen Inhalte, führt jedoch meist zu einer sprachlich akzeptableren und dadurch positiveren Wirkung. Die Kinder lernen somit kompetent Gefühle zu äußern.

Vorüberlegungen

Sich so alles richtig von der Seele zu schreiben – das kann erleichtern. Vor allem sollten alle mit erleichtertem Gemüt ins Wochenende gehen. Dabei kann der „Wochenpetztext" oder auch der „Wochenmeckertext" helfen. Aber warum nur immer so negativ denken? Nehmen wir doch viel Energie von einer guten Vorwoche mit in die nächste Woche, indem wir uns alles Gute, das uns in dieser Woche widerfahren ist, noch einmal deutlich ins Gedächtnis rufen – mit Hilfe des „Wochenlobtextes".

Und so geht's

„Wochenpetztext", „Wochenmeckertext" und „Wochenlobtext" sind Texte, die meist aus unzusammenhängenden Sätzen bestehen. Deshalb fallen sie auch SchülerInnen nicht schwer, die manchmal Probleme mit der Folgerichtigkeit ihrer Texte haben. Jedes Kind darf schreiben, was ihm am Herzen liegt; Beschimpfungen oder offensichtliche Lügen sollten aber verboten sein. Es hat sich jedoch bewährt, Texte, die diese Kriterien nicht erfüllen oder aus anderen Gründen der Öffentlichkeit verborgen bleiben sollten, trotzdem zu schreiben – und sie unveröffentlicht dem Aktenreißwolf zu opfern. Die anderen Texte können kommentarlos der ganzen Klasse vorgelesen werden.

Varianten

Statt dem Vorlesen vor der ganzen Schülergruppe können diese Textformen auch einem Klassenbriefkasten anvertraut werden, der dann nur von Ihnen geöffnet wird. Herrscht in der Klasse ein Vertrauensverhältnis zwischen den SchülerInnen und Ihnen, halten es die Kinder nicht für notwendig, sich in Form von anonymen Briefen zu äußern.

7.3 Spionageprotokoll

Lernziele

- Schreiben in der Gegenwartsform
- Schreiben in der 3. Person
- Verwendung des Bindewortes „dass" (... sehe ich, dass ...)

Praxisbezug

Das Protokollieren von Beobachtungsergebnissen bewirkt im schulischen Bereich eine Verbesserung des Arbeits- und Sozialverhaltens sowohl beim schreibenden Kind als auch bei den beobachteten Personen.

Vorüberlegungen

Ist es möglich, dass ein 8- bis 12-jähriges Kind zwei Stunden lang fast ohne abzusetzen schreibt, ohne dass es ihm an Ideen mangelt? Der/Dem „Klassenbeobachterln" ist es möglich. Sie/Er ist ein geheimer Detektiv, jedes Kind ahnt es, keines weiß es genau, dass über sie/ihn gerade etwas vom Detektiv geschrieben werden könnte.

Und so geht's

Jedes freiwillige Kind der Klasse darf sich einmal für einen Tag melden, in erster Linie „SpionIn" (und nicht SchülerIn) zu sein. Die Hauptaufgabe ist in diesem Fall, alle wesentlichen und unwesentlichen Beobachtungen aufzuschreiben, die das Verhalten der/des LehrerIn und der MitschülerInnen betreffen. Dabei darf der/dem SpionIn niemand über die Schulter blicken, die Rechtschreibung darf vernachlässigt werden. Selten wird das Vorlesen eines Textes am Ende des Unterrichtstages mit so großer Spannung erwartet.

Varianten

- Schwierigere Variante: Die/Der SpionIn bekommt von Ihnen den geheimen Auftrag, ein ganz bestimmtes Kind zu beobachten und diese Beobachtungen aufzuschreiben.
- Weitere Variante: Ein Kind meldet sich freiwillig, ein Beobachtungsprotokoll über das Gesprächsverhalten der MitschülerInnen während eines Gespräches anzufertigen. Das abschließende Vorlesen soll bewirken, dass das Gesprächsverhalten reflektiert wird und sich langfristig verbessert.

7.4 SchulreporterIn

Lernziele

- Sachliches oder spannendes Berichten
- Gestaltung von Schülerzeitungen mit geeigneten Computerprogrammen

Praxisbezug

Die Zeitung gehört zum Alltag fast aller BürgerInnen, besonders die auf die einzelnen Leserinteressen zugeschnittene Zeitung erfreut sich großer Beliebtheit. Wer selber eine Zeitung schreibt, kann gutes Verständnis für den Umgang mit diesen Medien erwerben, kann Informationen erlangen (Interview, Recherche, Beobachtung) und diese wiedergeben.

Vorüberlegungen

Schülerzeitungen von Pflichtschulen beinhalten im Wesentlichen zwei Teile: Berichte aus dem Arbeitsbereich (Schulalltag) der Kinder und Berichte aus dem Freizeitbereich (Familie, Hobby, FreundInnen). Wie können diese beiden Bereiche mit genügend Ideen ausgestattet werden?

Und so geht's

Eine Hilfe dabei kann der Montagserzählkreis bieten. Dabei erzählt jedes Kind aus seinem Freizeitbereich eine kurze Begebenheit, die sich am Wochenende ereignet hat. Die MitschülerInnen helfen mit, eine „reißerische" Überschrift (Schlagzeile) für diese Erzählung zu finden. Später übernehmen MitschülerInnen die Aufgabe, diese „reißerische" Geschichte für die Zeitung zu gestalten. Sie interviewen die/den ErzählerIn noch einmal und holen zusätzliche Informationen ein. Ihre Aufgabe besteht also darin, das Gehörte in die 3. Person zu übertragen, außer sie (und das passiert auch des Öfteren) gestalten ihren Zeitungsartikel als Interview.

Als „Artikelzulieferer" dienen die täglichen SchulreporterInnen. Jeden Tag, zumindest für zwei Stunden, ist eine/ein SchulreporterIn dafür zuständig, dass nichts Berichtenswertes im Schulhaus dem wachsamen Auge der Medien entgeht. Sie/Er interviewt LieferantInnen, Eltern, HandwerkerInnen und Lehrpersonen, die hier aus- und eingehen. Die SchulreporterInnen haben auch Zutritt zu den Klassenzimmern, um dort unaufdringlich ihre Beobachtungen zu Papier zu bringen. In den Pausen haben SchulreporterInnen viel Stress, denn da ist viel los an Konflikten, kleinen Missgeschicken, Gesellschaftstratsch, Sport, Spiel und Unterhaltung. Berichte über Schulveranstaltungen, Texte aus Aufsatzstunden oder (gekürzte) Artikel aus anderen Zeitschriften ergänzen die Schülerzeitung.

7.5 Wechselredetext

Lernziele

- Satzbildung
- Verwendung der Bindewörter „und, weil, oder, aber"

Praxisbezug

Sich mit einer/einem PartnerIn vor einer Jury ohne vorherige Absprache als gute Einheit zu präsentieren ist eine besondere Herausforderung.

Vorüberlegungen

Um diese Übung vorzubereiten und verständlich zu machen, kann das Wechsellesen eingesetzt werden. Dabei haben zwei SchülerInnen gemeinsam einen Lesetext und lesen abwechselnd jeweils ein Wort vor.

Und so geht's

Zwei SchülerInnen verlassen für eine Minute den Raum. Die im Raum verbliebenen MitschülerInnen einigen sich auf einen sachlichen Begriff, den die beiden anderen dann gemeinsam möglichst treffend erklären sollen. Die Regel lautet dabei: „Ein Wort sage ich, ein Wort sagst du! Wir haben eine Minute Zeit dazu."
Zwei weitere SchülerInnen, die ebenfalls zuvor den Raum verlassen haben, bekommen anschließend die gleiche Aufgabe gestellt. Alle ZuhörerInnen bilden nun gemeinsam die Jury, die feststellt, welches Paar den Begriff klarer (oder origineller) erklären konnte. Diese Übung kann auch schriftlich erfolgen, wobei eine/ein SchiedsrichterIn darauf achtet, dass die beiden Schreibenden keine Absprachen treffen.

Textbeispiel:
(Die von SchülerIn A gesprochenen oder geschriebenen Worte stehen in diesem Textbeispiel in Normalschrift, die Worte von SchülerIn B in Fettschrift.)

BEGRIFF: Eltern

Eltern sind ***sehr*** wichtige ***Personen***. Sie ***schimpfen*** mit ***uns***, wenn ***wir*** nicht ***folgsam*** sind. ***Aber*** sie ***sind*** auch ***oft*** lieb, ***weil*** wir ***so*** brav ***lernen***. Der ***Vater*** und ***die*** Mutter ***sind*** meine ***Eltern***. Die ***Eltern*** streiten ***manchmal***, aber ***meistens*** helfen ***sie*** zusammen.
Manche Kinder ***haben*** keine ***Eltern***. Sie ***sind*** Waisenkinder. ***Die*** Eltern ***können*** sich ***auch*** scheiden ***lassen***.

8. Direkte Rede und Rollenspiele

8.1 Hanni jammert voller Freude Direkte Rede und Rollenspiele • 3–5

Lernziele

- Verwendung von direkter Rede und deren Satzzeichen
- Verwendung von vorangestelltem und nachgestelltem Begleitsatz

Praxisbezug

Das Schreiben von Gesprächsprotokollen stellt hohe Ansprüche an die Aufmerksamkeit und an die Beobachtungsgabe. Vor allem bei turbulenten Diskussionen und bei Stimmengewirr ist es schwierig für die/den SchreiberIn, das Gesagte zu identifizieren und zu Papier zu bringen. Auch in der Schulklasse werden immer wieder Gesprächsprotokolle verfasst, z. B. bei Klassenratssitzungen, bei Interviews und bei Lehrausgängen.

Vorüberlegungen

Eine klassenbezogene Kopiervorlage ist vorzubreiten. Diese Kopiervorlage beinhaltet – untereinander geschrieben – alle Namen der Klassengemeinschaft. Neben jedem Namen steht ein Verb aus dem Wortfeld „sprechen" (ein Muster ist auf Seite 60 zu sehen).

Und so geht's

1. Phase

LehrerIn und SchülerInnen einigen sich auf einen Ort des Geschehens für diesen Text, z. B. Spielplatz, Küche, Klassenzimmer, Schulbus, Schwimmbad.

2. Phase

In einem Brainstorming nennen die Kinder Sätze, die man an dem jeweiligen Ort von den Personen, die sich dort aufhalten, zu hören bekommt. Am Ende des Brainstormings schreibt jede/jeder SchülerIn nach Belieben zwei dieser Sätze auf je einen kleinen Zettel und setzt dabei jeden Satz zwischen Anführungszeichen.

3. Phase

Die „Satzzettel" werden von der/vom SpielleiterIn gemischt und mit der Schrift nach unten in eine Schachtel gelegt. Jedes Kind holt sich einen Zettel aus der Schachtel und fügt den darauf stehenden Satz an beliebiger Stelle in seine Kopiervorlage ein.
Nach dem Einfügen des ersten Satzes legt die/der SchülerIn wieder den Zettel mit der Schrift nach unten in die Schachtel zurück, zieht einen weiteren Zettel, trägt den nächsten Satz in seiner Kopiervorlage ein, legt diesen wieder zurück, zieht den nächsten usw. Erwischt ein Kind einen Zettel, den es bereits einmal gezogen hat, tauscht es ihn durch einen anderen aus. Wenn das ganze Blatt voll ist, können die Ergebnisse vorgelesen werden. Den ZuhörerInnen macht es großen Spaß, den eigenen Namen dort

wiederzufinden, vor allem dann, wenn es zu kuriosen Äußerungen kommt, wie z. B. wenn über die sportliche Edith Folgendes geschrieben wurde:
Edith jammert: „Ich trau mich nicht auf den Kletterturm hinauf."
Oder wenn über die sanfte Hanni geschrieben wird:
Hanni jubelt: „Lass mich in Ruh, du gemeiner Kerl!"

Varianten

- Satzgegenstand und Satzaussage beim Begleitsatz können in der Kopiervorlage durch den/die LehrerIn ergänzt werden, wie z. B.:

  Hanni jubelt voller Freude: ______________________

  Martin weint ganz leise: ______________________

  Karin stöhnt vor Schmerzen: ______________________

  Edith lacht boshaft: ______________________

  Gerhard flüstert heimlich: ______________________

- Es kann zusätzlich zur Auswahl eine Kopiervorlage erstellt werden, bei der der Begleitsatz nachgestellt ist, z. B.:

  ______________________, ruft Sybille.

  ______________________, antwortet Knut.

Beispiel für eine klassenbezogene Kopiervorlage:

Thema: ______________________

Patrick schreit: ______________________

Birgit schimpft: ______________________

Christian jammert: ______________________

Sabine lacht: ______________________

Lukas beschwert sich: ______________________

Bernhard brüllt: ______________________

Raffaela flüstert: ______________________

Melanie keift: ______________________

Armin jubelt: ______________________

Sarah kreischt: ______________________

Wolfgang meint: ______________________

8.2 Stimmengewirr im Haus

Lernziele

- Verwendung der direkten Rede
- Arbeitsanweisungen lesen und schriftliche Aufträge erfüllen

Praxisbezug

Im öffentlichen Leben bemerken die Kinder immer wieder sprachliches Fehlverhalten von Erwachsenen, aber auch selber sind sie oft nicht sicher, wie sie sich äußern sollen oder was an Äußerungen angebracht ist. Kompetentes Sprachverhalten in verschiedenen Alltagssituationen; in Geschäften, Betrieben … soll daher trainiert werden.

Vorüberlegungen

Jedes Kind bastelt ein Papierhäuschen (Bastelvorlage auf KV 5, Seite 63), für das es eine bestimmte Bezeichnung wählt: Schule, Gasthaus, Kaufhaus, Wohnhaus, Tischlerei, Bauernhaus, Kaffeehaus, Feuerwehr, Bank … Das Papierhäuschen wird auch bemalt und so gestaltet, dass es für die anderen Kinder klar erkennbar ist, um welches Gebäude es sich handelt.
Jedes Kind braucht fünf bis zehn kleine Zettel, auf die es Aufträge schreiben kann (Aktionskärtchen).

Und so geht's

Jedes Kind schreibt auf seine fünf bis zehn Aktionskärtchen Aufträge zum schriftlichen Gestalten von Ausrufen, Fragen, Dialogen, Aufforderungen …
Hat ein Kind sein Häuschen und seine Aktionskärtchen fertig, legt es seine Aktionskärtchen unter das Häuschen. Alle Häuschen werden am Gruppentisch zu einem Dorf zusammengestellt. Die Häuser erhalten Hausnummern (mit der Nummer 1 beginnend). Jede/Jeder SchülerIn würfelt mit einem Würfel (bei sechs Häusern) oder mit zwei Würfeln (bei zwölf Häusern). Bei einer größeren Häuseranzahl können auch mehr Würfel verwendet werden. Die gewürfelte Gesamtaugenzahl sagt dem einzelnen Kind, bei welchem Haus (Hausnummer) es ein Kärtchen ziehen muss. Das gezogene Aktionskärtchen sagt ihm, welchen Satz es auf sein Antwortkärtchen schreiben muss, es werden durchwegs Sätze in der direkten Rede sein, z. B.: „Wo ist hier die Toilette?"
Hat jedes Kind ein Antwortkärtchen geschrieben, werden diese gemischt. Alle Antwortkärtchen werden auf einem Stapel mit der Rückseite nach oben aufgelegt. Reihum zieht jede/jeder ein Kärtchen, liest den Text darauf vor und soll erraten, aus welchem Haus dieser Ausruf, diese Frage, dieser Dialog … zu hören sein könnte. Das Kind darf das Antwortkärtchen behalten, wenn es dieses dem richtigen Gebäude zuordnen konnte. Gelingt das nicht, kommt das Kärtchen wieder ganz nach unten in den Stapel. Wer Glück hat, zieht ein von ihm selber geschriebenes Kärtchen und kann die Aufgabe natürlich sehr leicht lösen. Es können beliebig viele Runde gespielt werden; wenn alle Antwortkärtchen aufgebraucht sind, ist das Spiel allerdings zu Ende.

Textbeispiel:

Im Häuschen mit der Aufschrift „Kaufhaus" könnten folgende **Aktionskärtchen** zu finden sein:

1. *Ein Kind fragt nach dem Preis von Äpfeln.*
2. *Die Verkäuferin sagt, wie viel zu bezahlen ist.*
3. *Eine alte Frau sucht Bananen.*
4. *Ein Kind bettelt um Süßigkeiten.*
5. *Ein Verkäufer bietet seine Hilfe an.*
6. *Jemand beschwert sich.*
7. *Jemand möchte etwas in der Wurstabteilung.*
8. *Die Chefin beauftragt den Lehrling, etwas zu tun.*
9. *Der Chef schimpft mit dem Lehrling.*
10. *Eine Kundschaft findet etwas nicht.*

Mögliche **Antwortkärtchen** zu den oben angeführten Aktionskärtchen:

1. *„Was kostet ein Kilo Äpfel?"*
2. *„Das macht 3 Euro 50."*
3. *„Können Sie mir bitte sagen, wo die Obstabteilung ist?"*
4. *„Mama, darf ich diese Schokolade haben?"*
5. *„Kann ich Ihnen behilflich sein?"*
6. *„Schon wieder ist die Milch teurer geworden!"*
7. *„Geben Sie mir bitte 1/2 Stange Extrawurst und dieses Stück Speck."*
8. *„Hol bitte aus dem Lagerraum zwei Kisten Mineralwasser!"*
9. *„Jetzt hast du schon wieder den Zucker zum Salz ins Regal gestellt."*
10. *„Ich kann einfach keinen Haarspray finden."*

Varianten

- Für Schülergruppen, die schon schwierigere Aufträge schaffen: Die Aktionskärtchen beinhalten Rollenspielaufträge, wie z. B.: „Spiel ein Gespräch zwischen einer Verkäuferin und einer Kundschaft. Die Verkäuferin hat die Kundschaft beim Ladendiebstahl ertappt."
- Zusammenfassend kann im Anschluss an die oben angeführten Übungen ein Text mit der Überschrift „Stimmengewirr im Kaufhaus (in der Schule, in der Bank …)" verfasst werden.

Bastelanleitung Papierhäuschen

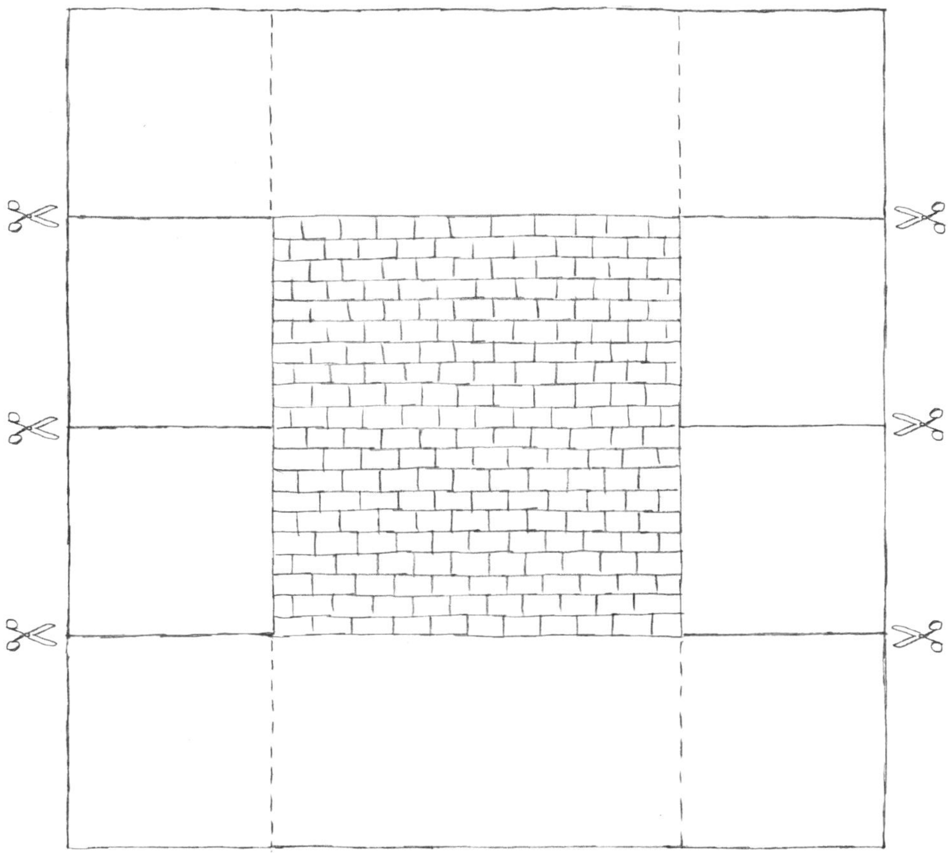

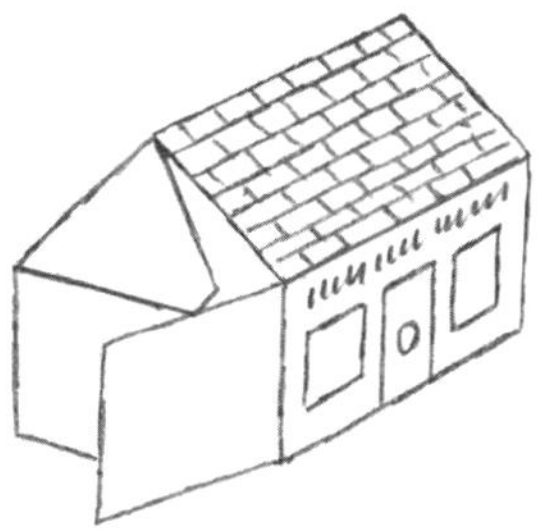

8.3 Das letzte Wort

Lernziele

- Verwendung der direkten Rede mit nachgestelltem Begleitsatz
- Einführung in das Verfassen von dramatisierten Texten und einfachen Handlungsanleitungen

Praxisbezug

Im Alltag ist Redegewandtheit vor allem im Dialog wichtig. Daher ist es notwendig, auf sprachliche Vorgaben im Zusammenhang mit der direkten Rede kreativ reagieren zu können.

Vorüberlegungen

Die direkte Rede mit nachgestelltem Begleitsatz muss vorher oder nach einem einleitenden Textbeispiel geübt werden.

Und so geht's

Dieser Kurztext beginnt immer mit einer direkten Rede, die einen letzten Gedanken beinhaltet, bevor sich jemand verabschiedet oder verschwindet. Dies kann eine Person, ein Tier, eine Pflanze oder ein Gegenstand sein.
In der zweiten Zeile steht der zur direkten Rede passende Begleitsatz, die beiden letzten Zeilen beschreiben den überraschenden Ausgang des Kurztextes. Nach ein bis zwei Textbeispielen, die von dem/der LehrerIn an der Tafel präsentiert werden, findet jede/jeder einzelne SchülerIn selber weitere Möglichkeiten.

Textbeispiel:

„Guten Morgen",
lachte die Sonne
und versteckte sich
hinter der nächsten Wolke.

„Ich komm nie wieder",
sagte der Schüler Patrick,
nahm seine Schultasche
und verließ das Schulhaus.

„Du erwischst mich nicht",
quakte der Frosch
und landete im Schnabel
des Storches.

8.4 Klapper- und Poltertexte

Lernziele

- Wortfeld „Geräusche machen" anwenden
- Sinnerfassendes Lesen
- Verwendung von Nennformgruppen

Praxisbezug

Bei diesen Geräuschtexten wird die direkte Verbindung des Textschreibens zum Musikunterricht hergestellt, aber es wird auch indirekt über die Geräuschimprovisationen die „ganze Welt" in das Klassenzimmer hereingeholt.

Vorüberlegungen

- Als Vorübung wird ein Ratespiel gespielt: Die Kinder verursachen Geräusche in der Klasse, während ein Kind einschaut. Dieses Kind muss erraten, womit das Geräusch verursacht wurde. (Diese Übung ist etwas einfacher, wenn lediglich zehn Gegenstände zur Auswahl stehen.)
- Die SchülerInnen erzeugen Geräuschkulissen, z. B.: „Versucht mit allen möglichen Gegenständen, aber auch durch Klatschen, Stampfen und Schnalzen sowie durch Ausrufe die Geräusche darzustellen, die jemand hören kann, wenn er an der Tür zum Werkraum lauscht." Oder: „Stellt den Lärm dar, den wir hören, wenn die Hexen im Hexenhaus eine Hexenparty feiern."
- Die Kinder sammeln Verben, die Geräusche ausdrücken: knattern, rattern, poltern, krachen, scharren, zischen, rauschen, klappern, surren, klatschen, klirren, brummen, röhren, schleifen, klopfen, pochen, rasseln, reiben, knacksen, schwirren, scheppern, summen, pfeifen, brausen, sausen, plätschern, ... und ordnen diese Verben einzelnen Orten oder einzelnen Gegenständen (Geräten, Werkzeugen und Naturereignissen) zu.

Und so geht's

Viele Geschichten lassen sich eindrucksvoll präsentieren, indem das Geschehen der Geschichte durch Körpergeräusche, Geräuscherzeugung mit Alltagsgegenständen oder durch Einsatz von Orff-Instrumenten untermalt wird. Die Präsentation einer solchen Geschichte braucht allerdings etwas Vorbereitung. Die/Der ErzählerIn der Geschichte – meistens gleichzeitig die/der VerfasserIn derselben – verteilt an das „Geräuschorchester" die ihnen zugedachten Geräuschinstrumente. Sie/Er gibt jedem Mitglied des Orchesters eine Kopie des Textes, in welchem sie/er dramaturgische Hinweise, die besonders gekennzeichnet sind, eingefügt hat. Will das „Autor-Kind" eine besonders eindrucksvolle Präsentation erzielen, hat es beim Schreiben schon bewusst solche Situationen gewählt, bei denen vielfältige Geräusche vorkommen. Besonders geeignet sind dementsprechend Schauplätze wie die Straße, der Rummelplatz, der Bahnhof, die Fabrik, der Werkraum, der Kindergarten, das Büro, die Küche, aber auch Plätze der Stille, die durch einzelne Geräusche belebt werden, wie z. B. das Geisterschloss, der Hexenwald, der Dachboden, der Keller. Besonders gut lässt sich die Schilderung eines Tagesablaufes umsetzen (siehe Beispiel auf KV 6, Seite 67).

Folgende Geräusche können in den Text und anschließend beim Präsentieren (mit realen Gegenständen) eingefügt werden:
die große Trommel schlagen; mit einer Ratsche knattern; mit der Bleistiftspitze ticken; mit dem Kamm über Tischkante „knarren"; mit der Glocke läuten; auf den Boden springen; mit dem Teller klirren; ein Stück Plastik zu Boden werfen; eine Lade öffnen; in der Malschachtel kramen; Sessel rücken; mit Geschirr klappern; Bohnen in eine Schüssel leeren; mit der Zunge laut rollen; Wasserhahn aufdrehen; etwas bürsten; die Fahrradpumpe betätigen; mit Bleistiften klappern; einen Reißverschluss schließen; mit großem Krach Bücher stapeln; mit einem Metallschloss klicken; am Boden umherstampfen; mit der Zeitung rascheln; mit dem Besteck klappern.

Ein überraschender Morgen

Margot hatte ganz fest geschlafen. Irgendein dumpfes Geräusch hatte sie geweckt – oder war es das Knattern des Briefträgermopeds? Das Ticken des Weckers konnte es nicht gewesen sein. Plötzlich öffnete sich die Tür und die Mutter steckte ihren Kopf herein: „Margot, der Wecker hat schon geläutet. Es ist Zeit aufzustehen." Margot sprang aus dem Bett und landete dabei auf dem Teller, den sie am Vortag schlampigerweise am Boden stehen gelassen hatte. Und zu allem Überfluss stieß sie noch bei ihrer Barbiepuppe an, die auf dem Nachtkästchen gesessen war. Ärgerlich murmelte sie vor sich hin, rückte den Sessel zurecht und begann sich anzuziehen. Sie hörte, wie die Mutter in der Küche den Frühstückstisch deckte und frische Kaffeebohnen in die Kaffeemaschine leerte. Margot konnte das ratternde Geräusch der Kaffeemaschine gar nicht leiden. Es erinnerte sie daran, dass sie viel zu früh aufstehen musste, um zum Schulbus zu kommen. Nun ging es ab ins Bad: Gesicht waschen, Zähne putzen, etwas Haarspray versprühen, schnell noch die dreckigen Fingernägel bürsten. Margot rannte zurück ins Kinderzimmer, um ihre Schultasche zusammenzupacken: das am Schreibtisch verstreute Schreibzeug einsammeln und in die Federschachtel geben, die Bücher vom Boden aufheben und alles in der Schultasche verstauen. Margot stampfte schlecht gelaunt in die Küche. Beim Frühstückstisch saß schon Papa und las in der Zeitung. Die kleine Schwester Rosi klapperte gerade wie jeden Tag mit Löffel und Messer am Tisch herum. „Papa, warum bist du denn heute noch nicht bei der Arbeit?", wunderte sich Margot. „Heute ist doch Sonntag und wir fahren zum Badesee. Hast du das vergessen?", antwortete Papa lachend.

8.5 Ein Chat ist nett

Lernziele

- Richtige und falsche Wortbilder miteinander vergleichen
- Schwachen RechtschreiberInnen die Scheu vor schriftlichem Briefkontakt nehmen

Praxisbezug

Wer bereits des Öfteren im Internet Gespräche geführt (in Chatrooms gechattet) hat, wird gelegentlich mit Erschrecken oder mit ironischem Lächeln festgestellt haben, dass die GesprächsteilnehmerInnen teilweise der Rechtschreibung kaum mächtig sind, oder aber auch, dass sie beim Chatten die Rechtschreibung bewusst außer Acht lassen. Für die/den SchreiberIn ist das natürlich bequem, aber für die/den LeserIn kann es mühsam sein, wie das Textbeispiel auf Seite 69 zeigt. Trotzdem macht der Schriftverkehr mittels Internet Spaß.

Vorüberlegungen

So sehr wir LehrerInnen ansonsten jegliches falsch geschriebene Wort zu vermeiden versuchen und auch die SchülerInnen darauf drängen, im Zweifelsfall im Wörterbuch nachzublättern, nachzufragen oder ein Wort mit einfacherer Schreibweise zu verwenden, gibt es beim „Chat-Spiel" einmal eine Ausnahme. Weisen Sie die SchülerInnen ausdrücklich darauf hin, dass es sich dieses Mal um einen Sonderfall handelt. Sie werden vermutlich bemerken, dass alle SchülerInnen im ersten Moment eine kleine Hemmschwelle überwinden müssen. Besonders für gute RechtschreiberInnen ist es vorerst schwierig, ihre automatisierten richtigen Rechtschreibbilder durch falsche Wortbilder zu ersetzen. Dabei passiert jedoch ein sehr konzentriertes Nachdenken über Schreibrichtigkeit.

Und so geht's

Bei dieser Partnerübung dürfen die beiden PartnerInnen kein Wort miteinander sprechen (auch beim schriftlichen Dialog im Internet hat man ja keinen direkten Kontakt mit der/dem PartnerIn). Sie sitzen in räumlicher Distanz an zwei verschiedenen Tischen. PartnerIn A schreibt einen Satz (eine Nachricht) an PartnerIn B auf ihren/seinen Zettel. An den Zeilenbeginn setzt das Kind seinen Vornamen (bzw. Nickname) und einen Doppelpunkt. PartnerIn B arbeitet analog dazu an ihrem/seinem Tisch.
Nun lassen beide PartnerInnen ihren Zettel auf ihrem Tisch liegen und gehen zum Tisch des anderen. Sie lesen das dort Geschriebene durch und schreiben nun ihren Namen (bzw. ihren Nickname) in die nächste Zeile und geben eine Antwort auf die oben stehende Nachricht. Sie können auch ihrerseits nun eine weitere Nachricht oder Frage hinzufügen. Mit Blickkontakt verständigen sich die beiden, dass sie mit dem Schreiben fertig sind, gehen wieder zum anderen Platz, lesen, welches „E-Mail" im „Chatroom" (auf dem Zettel) dazugekommen ist, und schreiben erneut etwas dazu.
Das ganz Besondere an diesem Spiel ist jedoch die (absonderliche) Rechtschreibung: Es darf beziehungsweise es soll sogar eine vollkommen falsche Rechtschreibung verwendet werden. Dies kommt natürlich schwachen RechtschreiberInnen sehr zugute, sie

schreiben freudig und sehr motiviert drauflos. So wird ein D zum T, ein EI zum AI, ein EU zum ÄU, ein S zum SS, ein K zum G, ein A zum Ä. Bei dieser Methode wird allerdings nicht die in Mundartgedichten übliche Dialektsprache verwendet.

Textbeispiel:

> *Aloisia: Wohär gommst tu?*
>
> *Hannes: Iich gomme fon Micheltorv. Unt wohär pisst tu?*
>
> *Aloisia: Üch pinn fon Kierchtorf. Waß issd tain Hopi?*
>
> *Hannes: Muhsietzirenn.*
>
> *Aloisia: Wahs dusttu ga niechd kerne?*
>
> *Hannes: Mainen Blaz zusamenreumen …*

In einer weiteren Spielphase können die Dialoge partnerweise lautgetreu vorgelesen werden, was den ZuhörerInnen meist angesichts der großen Mühe der Vorlesenden viel Spaß macht. Später können die Zettel an ein drittes Kind weitergegeben werden, das nun „LehrerIn" spielt und den Zettel mit umfangreichen Korrekturzeichen versieht. Die/Der „LehrerIn" kann unter das Geschriebene auch einen mündlichen Kommentar schreiben, wie z. B.: „Ich bin entsetzt über deine Rechtschreibkenntnisse. Du solltest dich mehr bemühen!"

Varianten

Wie in tatsächlichen Chatrooms können sich auch mehrere TeilnehmerInnen an ein und demselben Gespräch beteiligen. Das bedeutet bei dieser Übung, dass es jedem Kind freisteht, zu welchem Tisch und zu welcher/welchem PartnerIn es während der Übung wechselt.

9. Textfragmente – Textlücken – Stichworttexte

9.1 Wortschätze im Sand

Textfragmente - Textlücken - Stichworttexte • 2-4

Lernziele

- Gegenständen Namen geben
- Gegenstände und damit verbundene Assoziationen in einen neuen fantasievollen Zusammenhang bringen

Praxisbezug

Nicht selten regen uns einzelne Gegenstände in unserem Alltag zum Nachdenken, zum Meditieren und Fantasieren an. Selber erlebte, gehörte oder gelesene Geschichten werden durch einzelne Gegenstände oft wieder wachgerufen. Diese Kreativübung kann dazu ermutigen, dem Gedankenspiel mehr Raum zu geben.

Vorüberlegungen

In einer kleinen Holzkiste (oder Schuhschachtel) befindet sich Sand aus der Sandkiste. Darin sind etwa zwanzig kleine Gegenstände vergraben.

Und so geht's

Die SchülerInnen begeben sich auf die Schatzsuche, indem sie drei bis sechs Gegenstände aus der Sandkiste ausgraben. Diese Gegenstände sind der Wortschatz (die Reizwörter), mit dem der kreative Text gestaltet werden soll.

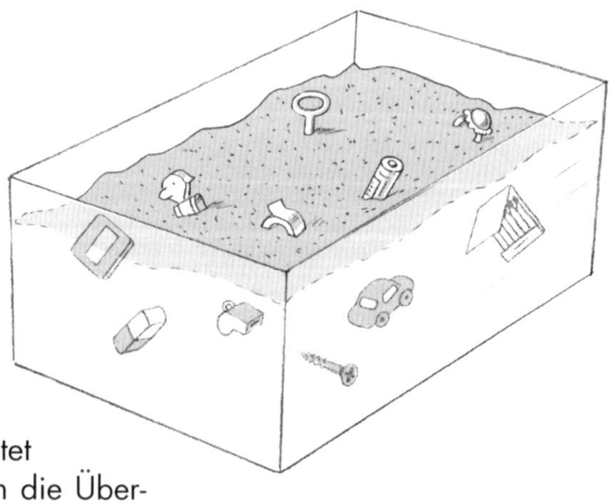

Varianten

- Soweit die Kiste (Schachtel) einen verschließbaren Deckel hat oder falls der Behälter durchsichtig ist, kann dieser geschüttelt werden und die Gegenstände, die zum Schluss zu sehen sind, werden in die Geschichte eingebaut.
- Es kann auch blind nach einem Gegenstand in der Schatzkiste getastet werden. Dieser Gegenstand muss in die Überschrift einer beliebigen Geschichte eingebaut werden.
- Schwierigere Variante: Den Kindern wird eine beliebige Geschichte aus dem Lesebuch angeboten. Drei bis sechs zufällig aus der Sandkiste ausgegrabene Gegenstände müssen in die Geschichte eingebaut werden.

9.2 Kurzgeschichten mit langen Reizwortsätzen

Lernziele

- Hauptsätze bilden
- Hauptsätze mit Bindewörtern verbinden
- Sätze durch Gliedsätze erweitern
- Durch Substantivierungen Verkürzung von Sätzen erreichen

Praxisbezug

Nicht immer ist ausführliches erzählendes Sprachgestalten gefragt. Im Alltag ist es manchmal gefordert, sich knapp zu fassen. Diese Übung zwingt zu knapper Sprache und zum Zusammenfassen von vorgegebenen Inhalten auf knappstem Raum.

Vorüberlegungen

Es ist ziemlich schwierig, in einem kurzen Satz, der zudem einen Sinn ergeben soll, viele vorgegebene Wörter einzubauen, die auf den ersten Blick wenig Zusammenhang ergeben. Die Kinder dürfen, um trotzdem die Aufgabe erfüllen zu können, auf Gliedsätze ausweichen, vor allem unter Verwendung der Bindewörter „und", „weil", „oder", „aber".

Und so geht's

Textbeispiel:

Beispiel mit themenspezifisch ausgewählten Reizwörtern:
Engel - Schlitten - Schnee - Advent
Ein Engel zog im Advent seinen voll beladenen Schlitten durch den tiefen Schnee.

Beispiel mit willkürlich ausgewählten Reizwörtern:
Schnitzel - Hund - Ball - Regen
Im dichten Regen verwechselte ein hungriger Hund den Ball mit einem Schnitzel.

Varianten

- Schwierigere Variante: Wenn die Verwendung von Bindewörtern als zusätzliche Regel untersagt ist, entstehen besonders kurze und kreativ-witzige Sätze.
- Leichtere Variante: Mindestens ein Verb wird zusätzlich zu den Nomen als Gestaltungshinweis angegeben. Es ist auch einfacher, nur mit zwei Reizwörtern zu beginnen und diese Anzahl nach einiger Übung zu steigern.

9.3 Adventkalenderfenstertexte

Lernziele

- Ganze Texte in Sätze gliedern
- Einzelne Sätze zu einem Textganzen formen

Praxisbezug

Der Adventkalender ist ein im Kinderleben immer wiederkehrendes beliebtes Brauchtum. Nützen Sie seine motivierende Wirkung für kreative Textspiele!

Vorüberlegungen

Benötigt wird ein selber gestalteter Adventkalender, dessen Fenster genug Platz für einen dort hineingeschriebenen Satz bieten. Gut eignet sich auch ein aus Zündholzschachteln zusammengeklebter Kalender, in dessen Schubladen kleine Satzröllchen versteckt sind.

Und so geht's

In jedem einzelnen Fenster des Adventkalenders ist ein Satz einer Fortsetzungsgeschichte zu finden. Die SchülerInnen haben also die Aufgabe, eine Geschichte – wenn möglich mit weihnachtlichem/winterlichem Inhalt – zu erfinden. Diese Geschichte soll (wie kann es im Advent auch anders sein?) 24 Sätze enthalten.
Eine etwas andere Form eines Adventkalenders sind drei achteckige Sterne (siehe KV 7, Seite 73), von denen jede Sternzacke einen Tag im Advent anzeigt. Ist die Zacke nach innen gefaltet, verbirgt sie den auf die Zacke geschriebenen Text. Entsprechend dem Adventkranz sollte auch der Adventkalender vier Teile haben. Bei dem vierten achtzackigen Stern werden jede Woche zwei Zacken aufgeklappt, dadurch sind die Teile eines zur Geschichte passenden Bildes nach und nach zu sehen, bis am 24. Dezember das ganze Bild aufgeklappt ist.

Varianten

- In jedem Textfenster können nur Stichwörter versteckt sein, aus denen eine eigene Adventgeschichte zusammengebaut wird. Auch Bilder können zum Erzählen einer zusammenhängenden Reizwortgeschichte anregen.
- Das Basteln des Adventkalenders kann als Klassenarbeit für eine andere Klasse durchgeführt werden oder als Gruppenarbeit für eine andere Gruppe. So ist den Kindern, die die Fenster öffnen sollen, die Geschichte noch nicht bekannt.

Achteckiger Stern

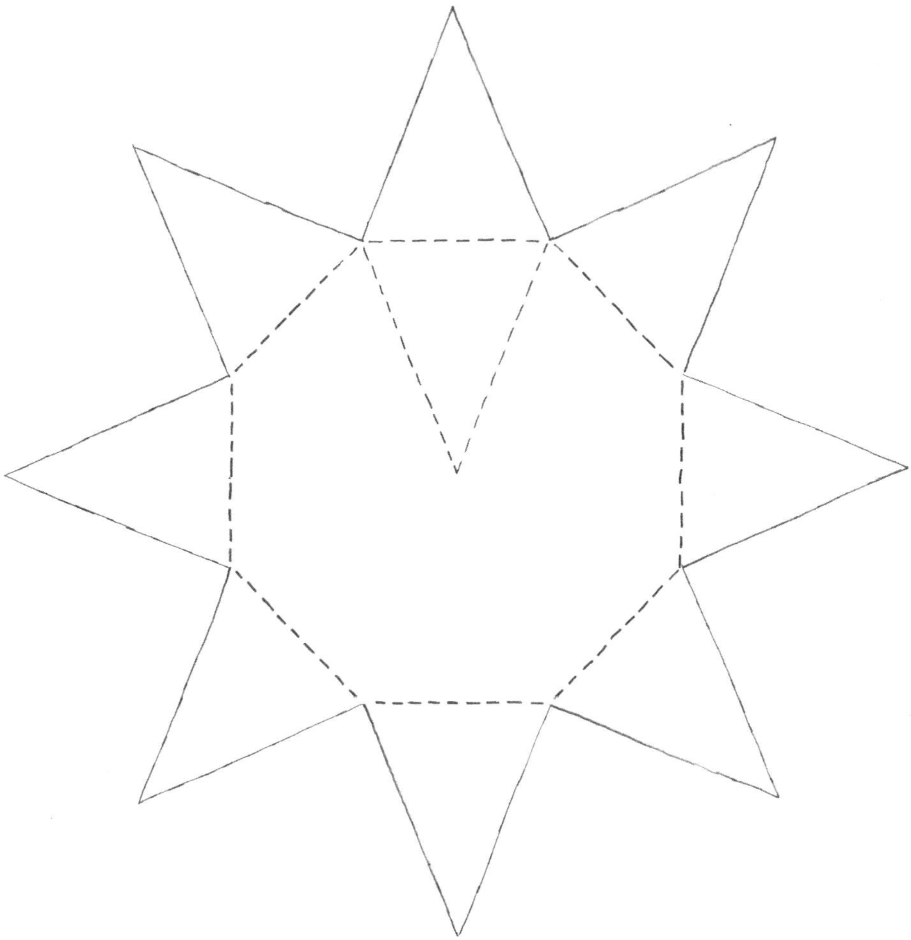

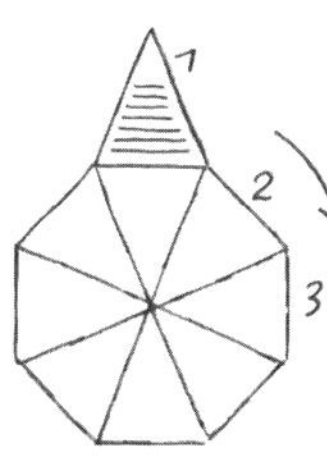

9.4 Reizwortkreuzworträtsel

Lernziele

- Sinnerfassendes Lesen
- Wortanalyse und Wortsynthese beim Lesen von Wörtern, die zu einem Kreuzworträtsel zusammengefügt wurden

Praxisbezug

Kreuzworträtsel sind schon in Kinderzeitschriften für die Jüngsten zu finden, wobei das Orientieren in dieser Anordnung von senkrecht und waagrecht geschriebenen Wörtern nicht immer ganz leicht fällt. Immer wieder soll auch geübt werden, Stichwörter als Merk- und Denkhilfe zu verwenden.

Vorüberlegungen

Das Reizwortmaterial wird entweder aus kurzen Geschichten (etwa eine Seite lang) oder aus einer Reizwortschachtel mit etwa zweihundert Reizwortkärtchen aus Karton gewonnen. Auch Kinderkreuzworträtsel aus Kinderzeitschriften können als Reizwortfundgrube verwendet werden.

Am Beginn dieser kreativen Textübung kann auch das eigenständige Entwickeln von Kreuzworträtseln stehen: Dabei können Sie darauf hinweisen, dass die Verwendung von einfachen Wörtern (keine zusammengesetzten Substantive) die Arbeit erleichtert. In Gruppenarbeit formulieren die Kinder etwa sechs Rätselfragen, die mit einem Lösungswort (Kreuzworträtselwort) beantwortet werden können. Schließlich setzen sie diese Wörter zu einem Senkrecht-waagrecht-Kreuzworträtselbild zusammen. Zu den so aufgeschriebenen Wörtern gestalten sie auch den Buchstabenraster und die Nummerierung der Wortanfänge.

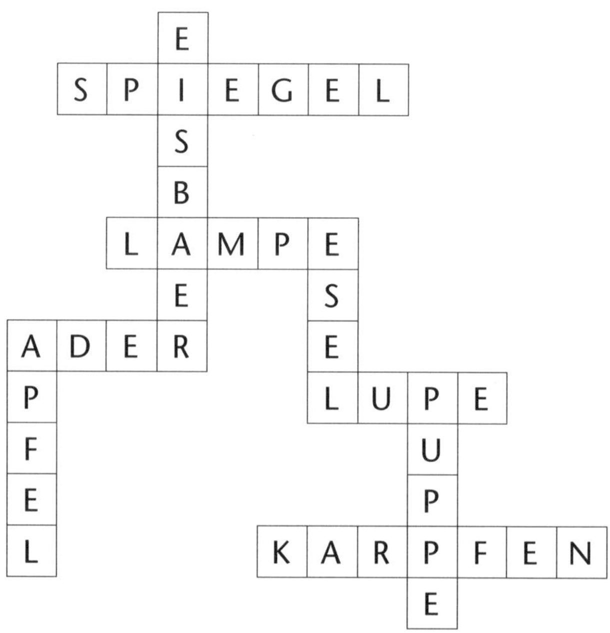

Und so geht's

Verbinden Sie etwa zehn Reizwörter zu einem Kreuzworträtsel. Die einzelnen SchülerInnen schreiben diese zehn Wörter in Schreibschrift heraus und wählen drei bis sechs davon aus, um diese zu einem neuen Kreuzworträtsel zu verbinden. Dieses neue Kreuzworträtsel wird statt einer Überschrift an den Beginn einer Geschichte gestellt, in der diese drei bis sechs Begriffe vorkommen.

Textbeispiel:

Der Eisbär ohne Bauch

Eines Tages, als der kleine Eisbär aus seinem Eisbett stieg und sich in den Spiegel blickte, wunderte er sich über seinen ganz dünnen Bauch. „Wo ist nur mein Bauch hin verschwunden?", wunderte er sich. Er drehte die große Lampe auf, um vielleicht doch noch seinen Bauch zu entdecken. Doch das half nichts. So versuchte er es mit seiner Lupe. Aber auch die Lupe ließ seinen Bauch klein und unscheinbar erscheinen. Plötzlich hörte er ein kräftiges „IAH" hinter seinem Rücken. Es war der graue Esel, der seit kurzem bei den Eskimos als Gastarbeiter beschäftigt war. „Ich weiß, warum dein stolzer Bauch verschwunden ist", iahte er. „Iss einfach einen Apfel oder am besten zehn Kilo davon und du wirst sehen, du hast wieder deinen guten alten Dickbauch." Doch beim Gedanken ans Äpfelessen wurde dem kleinen Eisbären ganz schlecht. Nun wusste er aber, woran es mangelte. Er ließ den Esel einfach stehen, rannte zum nächsten Eisloch, stürzte sich ins Wasser und fischte 13 Karpfen aus dem nördlichen Eismeer (obwohl es Karpfen eigentlich in diesem kalten Wasser gar nicht gibt).

Varianten

- Schwierigere Variante: Die SchülerInnen stellen selber Reizwörter zu einem Kreuzworträtsel zusammen. Dabei sollte es den MitschülerInnen, die daraus eine Geschichte machen sollen, schwer gemacht werden, einen inhaltlichen Zusammenhang zwischen den aus den verschiedensten Lebensbereichen gewählten Wörtern zu finden. (Eine Vorübung zum Thema „Wörter aus verschiedensten Lebensbereichen" wird möglicherweise nötig sein.)
- Als zusätzliche Rätselaufgabe kann der eine oder andere unwirkliche oder auch sachlich unrichtige Satz in die Geschichte eingebaut werden. In unserem Textbeispiel: „... 13 Karpfen aus dem nördlichen Eismeer".
- Leichtere Variante: Bieten Sie einen Lesetext an, aus dem Sie bereits etwa sechs Reizwörter herausgesucht und diese zu einem Kreuzworträtsel angeordnet haben. Die Kinder lesen nun den Lesetext aufmerksam durch und suchen bzw. markieren die Reizwörter in diesem Text. Nun legen sie den Lesetext weg und benützen das Kreuzworträtsel als Hilfe, um eine Nacherzählung über den Lesetext zu gestalten. Selbstverständlich darf im „Notfall" der Lesetext zwischendurch zu Rate gezogen werden.

9.5 Wer ist der Täter? Textfragmente - Textlücken - Stichworttexte • 4-6

Lernziele

- Sinnerfassendes Lesen
- Gliedern eines Textes in Absätze
- Einen Text als Diskussionsgrundlage in der Gruppe verwenden

Praxisbezug

Probleme können oft aufgrund von fragmentarischen Informationen nicht gelöst werden. Erst durch Teamarbeit und Austausch von Information kann das Problem als Ganzes erfasst werden.

Vorüberlegungen

Zur Motivation wird mit den Kindern die „Kriminalgeschichte" aus der Kopiervorlage (KV 8, Seite 77) gespielt. Dabei werden Gruppen mit je drei bis fünf Kindern gebildet. Jede Gruppe erhält ein Päckchen der in einzelne Kärtchen zerschnittenen Kopiervorlage. (Das Lösungskärtchen wird erst am Ende des Spiels ausgegeben.) In jeder Gruppe werden die Kärtchen gemischt und gleichmäßig an die MitspielerInnen aufgeteilt. Jedes Kind liest sein Kärtchen vor oder erzählt den Inhalt desselben. Daraufhin beginnt die Gruppendiskussion: Es wird versucht auszudiskutieren, wer der „Täter" ist. Dabei muss natürlich immer wieder auf die Informationen auf den Kärtchen zurückgegriffen werden. Als wesentliche Regel gilt dabei: Keine/Kein SpielerIn darf den Inhalt des eigenen Kärtchens den anderen zeigen, sondern sie/er muss selber den Text vorlesen oder frei wiedergeben.

Und so geht's

Die Kinder sollen eine Kriminalgeschichte schreiben, wobei die Geschichte aus der Kopiervorlage den Kindern ein Beispiel bietet. Mögliche Themen: Der Überfall / Ein frecher Diebstahl / Die Entführung / Zerstörer am Werk / Ein seltsamer Fund.
Beim Schreiben achten die Kinder darauf, dass ihre Geschichte gut in Kärtchen (Absätze) gegliedert werden kann. Da die später in Kärtchen zerschnittene Geschichte einer Mitschülergruppe ein interessantes „Kriminalspiel" bieten soll, ist es notwendig, ausführlich zu schreiben und genau zu informieren.

Varianten

Schwierige Variante: Beim „Diskussionsspiel" kann erschwerend der Auftrag gegeben werden, dass die Kärtchen während der Diskussion nicht mehrmals gelesen werden dürfen, sondern ihr Inhalt nach dem ersten Präsentieren behalten werden soll.

Ausschneidekärtchen für die Kriminalgeschichte: „Wo ist die Armbanduhr?"

Armin hatte seine Armbanduhr am 30. September in der Turnstunde abgenommen und aufs Fensterbrett im Turnsaal gelegt. Nach der Turnstunde vergaß er seine Uhr wieder an sich zu nehmen.	Der Lehrer hat sich schon öfter über die Schlampereien von Armin geärgert und hat ihm vor Augen geführt, dass dadurch wichtige Gegenstände verloren gehen könnten.
Armin erzählte, dass Peter am 29. September seine Uhr bewundert habe und behauptet hatte, dass er sich eine solche Uhr auch demnächst kaufen werde.	Romana hört von Armin, dass dessen Uhr verschwunden sei. Sie hat Peter mit einer ähnlichen Uhr am Arm letztlich gesehen.
Doris wohnt neben Peter. Sie weiß, dass Peter sich darüber beklagt, kein Geld zu haben, weil seine Eltern wenig verdienen.	Doris sitzt in der Schule neben Armin und ärgert sich oft darüber, dass Armin immer mit seinen „tollen Sachen" angibt.
Norbert ist ein Mitschüler, der viele tolle Dinge besitzt und mit Armin oft darin wetteifert, wer mehr hat.	Norberts Aufgabe ist es, am Ende der Turnstunde liegen gebliebene Sachen einzusammeln und beim Lehrer abzugeben.
Norbert behauptet am 14. November, dass er am 30. September keine liegen gebliebenen Sachen im Turnsaal gefunden hat.	Gerda kommt nach der Turnstunde meistens als Letzte in die Klasse.
Gerda vergisst manchmal etwas im Turnsaal und schaut dort oft noch einmal nach.	Am 14. Oktober beklagte sich Armin über den Verlust seiner Uhr.
Monika ist eine Mitschülerin, die bereits mehrmals anderen Kindern etwas versteckt hat. Monika war in den beiden Wochen nach dem 30. September nicht in der Schule.	Robert hat im vorigen Schuljahr einem anderen Kind eine Uhr gestohlen. Seine Eltern haben die Uhr wieder in die Schule zurückgebracht.

Lösung:

Der Lehrer hat mit den Eltern von Armin ausgemacht, dass er einmal einen von Armin liegen gelassenen Gegenstand für eine Zeit lang verschwinden lassen würde. Am 15. Oktober gibt er Armin dessen Uhr mit den Worten: „Diese Uhr hast du am 30. September im Turnsaal liegen gelassen. Deine Eltern haben gesagt, es sollte dir einmal eine Lehre sein, wenn ich deine Uhr für ein paar Tage verschwinden lasse." **Romana** hat sich getäuscht, als sie Peter mit einer Armbanduhr sah. Es war lediglich ein normales Lederarmband. **Norbert** ist vom Lehrer deswegen bestimmt worden, die Dinge im Turnsaal einzusammeln, weil er ein verlässlicher Schüler ist. **Gerda** konnte die Uhr nicht genommen haben, da sie bereits der Lehrer an sich genommen hatte. **Monika** war tatsächlich zwei Wochen lang krank. **Robert** hat vor einem Monat vom Lehrer zur Belohnung seiner Mitarbeit in der Schülerbücherei eine Uhr geschenkt bekommen und scheidet deswegen als Dieb einer Uhr aus.

9.6 Pantomimischer Lückentext

Lernziele

- Vollständiger Satzbau
- Aus Textfragmenten Sätze bauen
- Die Funktion von Nomen im Satz erkennen

Praxisbezug

Bei mündlichen Erzählungen im Alltag nehmen wir oft nur Teile der Information wahr (durch akustische Beeinträchtigungen, durch Störungen anderer Personen, durch Konzentrationsschwierigkeiten usw.). Teile der Information werden von uns jedoch durch optische Reize (Mimik, Gestik, Körperhaltung) ergänzt, sodass wir trotz aller Lückenhaftigkeit zu einem Sinnganzen gelangen. Auch beim Lesen entnehmen wir unter Zeitdruck nicht alle einzelnen Wörter, sondern versuchen durch fragmentarisches Lesen zu schnellem Sinnerfassen des Textes zu gelangen.

Vorüberlegungen

Diese Methode ist den Kindern zum Teil von Bilderbüchern bekannt. Auch beim Erstlesen werden sie in Schulbüchern mit dieser Textform konfrontiert. So können Kinder ihre eigenen Kinderbücher in die Schule mitnehmen und diese für weiterführende kreative Schreibtexte einsetzen.

Und so geht's

Die Kinder bekommen etwa zehn bis zwanzig kleine Impulsbilder zur Ansicht. Sie stellen im gemeinsamen Gespräch (ganze Klasse oder Kleingruppen) Vermutungen an, worüber die Geschichte, in der diese Bilder vorkommen, handeln könnte. Darauf wird den SchülerInnen eine Geschichte vorgelegt, in der Textlücken markiert sind, in welche die vorhin gezeigten Bilder (Begriffe) passen. Alle überlegen, welches Bild in welche Lücke passt. Schließlich melden sich zwei Freiwillige, die den vollständigen Text (siehe KV 9, Seite 79) erhalten, wobei das eine Kind den geschriebenen Text satzweise vorliest und das andere Kind die grafisch dargestellten Lücken pantomimisch präsentiert. Die ZuschauerInnen versuchen die einzelnen vollständigen Sätze zu erraten.

Varianten

Varianten zur inneren Differenzierung für die abschließende Einzelarbeit:

- Schwierigere Variante: Aus dem Gedächtnis wird das vorgelesene und pantomimisch Erlebte schriftlich wiedergegeben.
- Leichtere Variante: Die SchülerInnen bekommen die Kopiervorlage und setzen die grafischen Teile schriftlich um, sodass eine vollständige schriftlich gestaltete Geschichte vorliegt.
- Für besonders Kreative: Die SchülerInnen erfinden selber Texte, in denen Textteile durch Grafik ersetzt werden.

Schneewittchen und die sieben Zwerge

Schneewittchen war hinter den   angelangt.

Sie entdeckte ein winziges . Da die 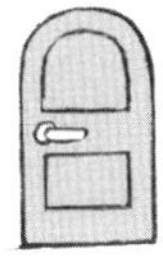 offen stand, bückte sie

sich, ging hinein und stolperte über einen winzigen . Am winzigen 

standen winzige  und im Herd knisterte ein winziges .

Nachdem sie von einem  gekostet hatte, entdeckte sie sieben winzige

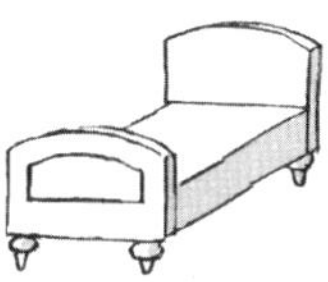 mit sieben winzigen . Da sie todmüde war, zog sie

die 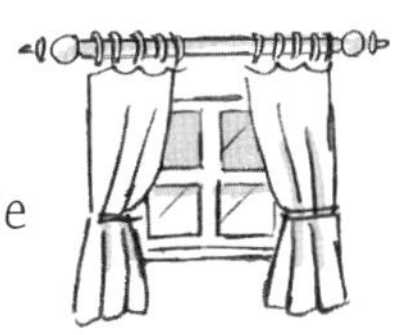 zu und legte sich in eines der 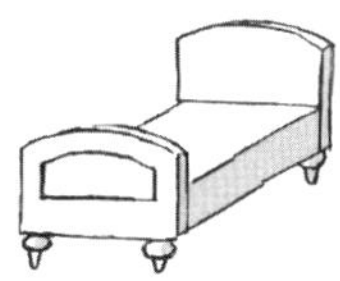. War das eine

Aufregung, als die   nach Hause kamen!

10. Texte bearbeiten

10.1 Träne, Blitz und Smiley

Lernziele

- Lesen von Symbolen
- Beim Aufsatzschreiben Gefühle einbauen
- „Gefühlserfassendes Lesen"

Praxisbezug

Im öffentlichen Leben begegnen wir häufig Symbolen und müssen diese schnell interpretieren und darauf richtig reagieren. Viele Symbole wie Straßenverkehrszeichen, WC-Hinweisschilder und dergleichen sind uns geläufig. Immer wieder werden aber neue Symbole erfunden. Dabei benötigen wir viel Fantasie bei der Interpretation.

Vorüberlegungen

Besprechen Sie mit den SchülerInnen Möglichkeiten, Gefühle mittels gezeichneter Symbole darzustellen.

Und so geht's

Bei einer Geschichte aus einem Lesebuch oder aus dem eigenen Aufsatzheft werden am Rand bei besonderen Zeilen Symbole angebracht. Bei Zeilen, die etwas Trauriges ausdrücken, wird an den Zeilenrand eine Träne gezeichnet, bei Zeilen, wo es große Aufregung gibt, wird ein Rufzeichen hingezeichnet, dort, wo einem beim Lesen zum Schmunzeln zumute ist, wird ein lächelndes Gesicht eingefügt. Die Symbole können auch kopiert (KV 10, Seite 81), ausgeschnitten und an den Zeilenrand geklebt werden.

Textbeispiel:

Eines Morgens, als Paul erwachte, musste er mit großer Verwunderung feststellen,

dass sein CD-Player aus seinem Zimmer verschwunden war. Sofort kam es ihm in den Sinn: „Das war sicher wieder meine Schwester Sonja, diese blöde Gans."

Er sprang aus dem Bett und riss die Tür auf. Da hörte er plötzlich aus dem Zimmer seiner Schwester ganz laute Musik. Aber was für eine Musik! Es war Pauls

Lieblingsmusik, eine CD, die er sich schon lange gewünscht hatte. Als er in Sonjas Zimmer stürmte, wurde er mit einem Regen von Konfetti überschüttet und er hörte

die Stimme seiner Schwester, die plötzlich ganz sympathisch klang: „Alles Gute zum Geburtstag, Paul!"

 - Freude

 - Gefahr

 - Unsicherheit

 - Idee

 - Angst

 - Freundschaft

 - Durcheinander

 - Zorn

 - Trauer

 - Vergnügen

 - Verwirrung

 - Lärm

 - Geheimnis

 - Verbrechen

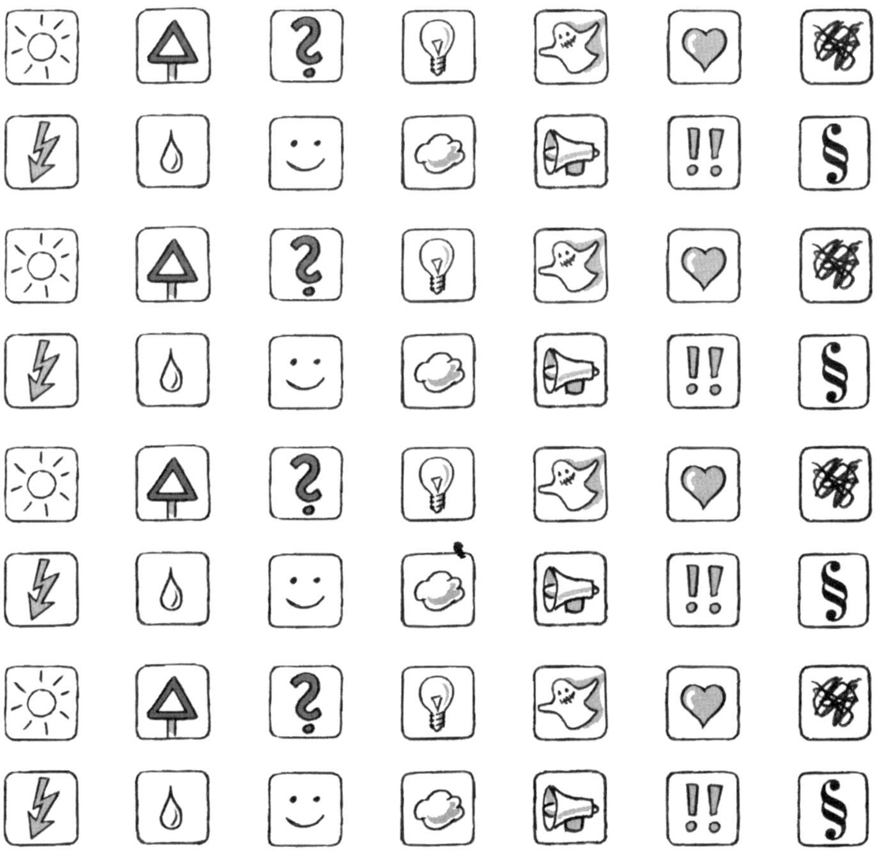

10.2 Schriftgrößengeschichte

Lernziele

- Bewusstes Lesen von Texten im öffentlichen Leben
- Adressatengerechtes Schreiben

Praxisbezug

Im Alltag begegnen wir sehr oft bewusst eingesetzten Schriftgrößen oder Schriftstärken, vor allem bei Werbetexten und Hinweistafeln. Bei dieser Übung wird die Aufmerksamkeit auf die Wirkung des Textes auf die LeserInnen gelenkt.

Vorüberlegungen

Beginnen Sie mit einer Vorübung, bei der die Kinder auf Plakaten Wichtiges in selber erstellten Werbetexten und Hinweisschildern mit besonderer Schrift gestalten.

Und so geht's

Die SchülerInnen nehmen einen selber verfassten Aufsatz oder eine kurze Geschichte aus einem Lesebuch und schreiben diese ab. Das Besondere an dieser Tätigkeit ist die Schriftgröße. Sätze und Wörter, die dem Kind besonders wichtig erscheinen, schreibt es in riesengroßen Buchstaben oder in ganz fetten Lettern, Sätze, die es für weniger bedeutungsvoll hält, werden ganz klein oder in dünner Schrift geschrieben. Die Größe der Schrift kann auch als Hinweis dienen, ob der Text laut oder leise vorgelesen werden soll. Zusätzlich können Wörter, die langsam zu lesen sind, weit auseinander gezogen werden, während Wörter, die schnell gesprochen werden, mit ganz schmalen und eng aneinander hängenden Buchstaben geschrieben werden. Soll die Stimme beim Vorlesen gehoben oder gesenkt werden, verlässt der Text die Zeile nach oben oder nach unten. Mehr kreativen Spielraum hat der/die SchreiberIn, wenn auf unliniertem Papier geschrieben wird, sodass sich die Schrift beliebig weit nach oben und unten bewegen kann.

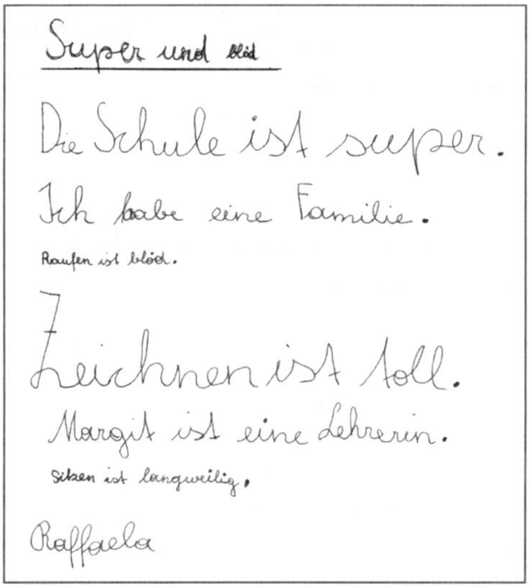

Varianten

- Auch das „Fettgedruckte" oder das „Blassgeschriebene" kann als Mittel zum Verdeutlichen von Schreibintentionen verwendet werden.
- Besonders wichtige Stellen können durch Wörter, die aus Zeitungen, Prospekten … ausgeschnitten wurden, hervorgehoben werden.
- Oder in einem handgeschriebenen Text werden wichtige Teile durch eingeklebte computergeschriebene Textteile signalisiert (oder umgekehrt).

Lernziele

- Eigenschaftswörter in attributiver und adverbialer Form verwenden

Praxisbezug

Übertreibungen in Erzählungen ergeben sich vielfach durch unangemessene Verwendung von Eigenschaftswörtern. Durch bewusste Reduzierung von Eigenschaftswörtern bzw. durch bewussten Einsatz dieser Übertreibungen können einerseits wahrheitsgetreue und wirklichkeitsnahe, andererseits fantasievollen Erzählungen entstehen.

Vorüberlegungen

Benötigt wird ein kurzer Lesetext (Erzählung ...), der viele Eigenschaftswörter enthält. „Berauben" Sie diesen Text aller Eigenschaftswörter. Dadurch wird ein Großteil der Sätze zwar noch grammatikalisch richtig und sinngemäß verständlich sein, aber wichtige Aussagen werden zum Teil nur schwer in ihrer ganzen Tragweite zur Wirkung kommen. Vorübungen, bei denen in Sätzen der attributive Gebrauch mit dem adverbialen Gebrauch von Eigenschaftswörtern verglichen wird, führen zu besonders wirkungsvollen Ergebnissen.

Und so geht's

Lesen Sie den kurzen Lesetext (Erzählung) in der trockenen „eigenschaftswortlosen" Form vor und lassen Sie die SchülerInnen dann raten, warum diese Geschichte etwas eigenartig auf sie wirkt. Schließlich wird festgestellt, dass die Eigenschaftswörter fehlen. Jedes Kind soll nun versuchen, so viele Eigenschaftswörter wie möglich in diesen reduzierten Text einzubauen. Wem gelingt es am besten durch den übertriebenen Einbau von Eigenschaftswörtern eine eigenartige Wirkung zu erzielen? Gemeinsam kann nun darangegangen werden, in einer dritten Version die Eigenschaftswörter auf ein vernünftiges Maß zu reduzieren (vgl. Beispiel auf Seite 84).

Varianten

- Großen Spaß macht es, in der „Geschichte ohne Eigenschaften" lauter unpassende Eigenschaftswörter einzufügen.
- Manche SchülerInnen werden dieser Aufgabe etwas hilflos gegenüberstehen. Bieten Sie ihnen die Geschichte zwar ohne Eigenschaftswörter an, markieren Sie jedoch die Stellen, an denen Adjektive eingefügt werden könnten.

Textbeispiel (Originaltext):

..............Der kleine grüne Apfel.............

Brigitte Bär, Fabina Pucher

Auf einem Apfelbaum wuchsen viele kleine, grüne Äpfel. Sie hatten viel Spaß auf ihren Zweigen. Vor allem, wenn die Bienen zu Besuch kamen, freuten sie sich über das Summen, und wenn die Maikäfer herumschwirrten, kitzelte das lustig. Besonders gern hatten sie es, wenn die Sonne ihre warmen Strahlen auf sie herunterschickte. Und so bekamen sie alle bald rote Backen.

aus: Bernd Badegruber, Friedrich Pirkl, Geschichten zum Problem lösen, Veritas-Verlag Linz.

Textbeispiel (reduzierte Form):

Auf einem Apfelbaum wuchsen Äpfel. Sie hatten Spaß auf ihren Zweigen. Vor allem, wenn die Bienen zu Besuch kamen, freuten sie sich über das Summen, und wenn die Maikäfer herumschwirrten, kitzelte das. Besonders hatten sie es, wenn die Sonne ihre Strahlen auf sie herunterschickte. Und so bekamen sie alle bald Backen …

Textbeispiel (übertriebene Variante):

Auf einem riesigen, alten Apfelbaum wuchsen Tausende roter, saftiger Äpfel. Sie hatten ungeheuren Spaß auf ihren wild gewachsenen Zweigen. Vor allem, wenn die fleißigen, summenden Bienen zu ihrem freundlichen Besuch kamen, freuten sie sich ungeheuer über das laute, fröhliche Summen, und wenn die gefräßigen, braunen Maikäfer herumschwirrten, kitzelte das. Besonders gern hatten sie es, wenn die grelle, freundliche Sonne ihre heißen Strahlen auf sie erbarmungslos herunterschickte. Und so bekamen sie schnell alle bald rote, pralle Backen …

10.4 100-mal Anfang und Schluss

Lernziele

- Anfänge und Schlüsse von Aufsätzen in verschiedenen Varianten gestalten

Praxisbezug

Eines der beliebtesten Kinderbücher ist das „Mixgeschichtenbuch" von Mira Lobe. Die LeserInnen können durch verschiedene selber gewählte Kombinationen unzählige Geschichten zusammenstellen. Leider ist mir dieses Buch verloren gegangen, was meine SchülerInnen sehr bedauerten. So schlug ich einfach vor: Wir machen unser eigenes Mixgeschichtenbuch. (Das Original-Mixgeschichtenbuch ist derzeit nicht im Buchhandel erhältlich.)

Vorüberlegungen

Benötigt wird eine kurze Geschichte aus einem Lesebuch (zirka eine Seite lang).

Und so geht's

Zerschneiden Sie die kurze Lesebuchgeschichte waagrecht willkürlich in etwa drei gleich große Teile. Den Mittelteil lesen Sie den SchülerInnen vor. Nun soll jedes Kind der Gruppe A einen passenden Beginn für diese Geschichte schreiben und jedes Kind der Gruppe B einen passenden Schluss. Bei zehn verschiedenen Anfängen und zehn verschiedenen Schlüssen kommen wir bei den verschiedensten Kombinationsmöglichkeiten zu hundert verschiedenen Geschichten. Möglicherweise ist die eine oder andere darunter, die sogar besser gefällt als das Original.

Varianten

Zerschneiden Sie die Geschichte in fünf gleiche Teile, wobei die Teile eins, drei und fünf vorgelesen werden und die Teile zwei und vier von den beiden Schülergruppen erdacht werden müssen.

11. Textbasteleien in der Gruppe

11.1 Endloswörterschlangengruppenspiel

Lernziele

- Unterscheidung zwischen Bestimmungswort und Grundwort
- Begriffe verstehen und erklären

Praxisbezug

Bei langen Wörtern haben wir oft Probleme, den wahren Sinn rasch zu verstehen: Was ist eine Schuhschachteldeckelkartonfabriksbesitzersfrauenkleidergeschäft(s)tür?

Vorüberlegungen

Stellen Sie folgende Überlegungen mit den SchülerInnen an, damit sie bei „Endloswörterschlangen" eine Begriffsbestimmung durchführen können. Nehmen Sie ein Nomen aus dem Alltag und hängen Sie ein anderes Nomen dazu, sodass ein zusammengesetztes Substantiv entsteht. Somit wird das erste Wort zum Bestimmungswort und das zweite Wort ist das Grundwort. Hängt eine/ein SchülerIn ein weiteres Wort an, wird dieses Wort zum Grundwort und die anderen Wörter sind Bestimmungswörter. So entsteht ein immer längeres Wort. Selbstverständlich soll dieses Wort einen Sinn ergeben, auch wenn es im alltäglichen Sprachgebrauch so nicht verwendet wird.

Und so geht's

Jede/Jeder SpielerIn schreibt auf einen Zettel ein Nomen, lässt den Zettel am Platz liegen und geht zu einem anderen Platz, wo sie/er das Nomen auf dem Zettel eines anderen Kindes vorfindet. Wie im Textbeispiel verlängert es auf diesem Zettel das Wort um einen weiteren Baustein und geht wiederum zu einem anderen Platz. Am Ende des Spiels ist die Überraschung für die einzelnen SpielerInnen groß, wenn sie wieder zu ihrem ursprünglichen Platz zurückkehren und feststellen, was aus ihrem kurzen Wort geworden ist. Nun geht es um die Frage, was der so lang gewordene Begriff aussagen will. Wer kann eine schriftliche Erklärung dieses Begriffes durchführen und vorlesen? Für geübte BegriffsbestimmerInnen ist die Antwort leicht: Sie beginnen die Bestimmung mit dem letzten Wort, im Textbeispiel also mit „Tür". Nun geht es weiter bei der Begriffsbestimmung, indem von hinten bis zum Wortanfang vorgearbeitet wird.

Beim Bauen von „Endloswörterschlangen" kann mit dem ersten Wort begonnen werden:

Schuh
Schuhschachtel
Schuhschachteldeckel
Schuhschachteldeckelkarton
Schuhschachteldeckelkartonfabrik
Schuhschachteldeckelkartonfabrikbesitzer
Schuhschachteldeckelkartonfabriksbesitzer(s)frau
Schuhschachteldeckelkartonfabriksbesitzersfrau(en)kleid
Schuhschachteldeckelkartonfabriksbesitzersfrauenkleid(er)geschäft
Schuhschachteldeckelkartonfabriksbesitzersfrauenkleidergeschäft(s)tür

Begriffsbestimmung:
Es ist eine Tür von einem Geschäft und diese Tür gehört zu einem Kleidergeschäft für Frauen von Fabrikbesitzern, die Kartons erzeugen, die für Deckel verwendet werden, die auf Schachteln passen, in denen Schuhe aufbewahrt werden.

Es ist auch möglich, beim Bauen von „Endloswörterschlangen" mit dem letzten Wort zu beginnen:

Tür
Geschäftstür
Kleidergeschäftstür
Frauenkleidergeschäftstür
Fabrikbesitzersfrauenkleidergeschäftstür
Kartonfabrikbesitzersfrauenkleidergeschäftstür
Deckelkartonfabrikbesitzersfrauenkleidergeschäftstür
Schachteldeckelkartonfabrikbesitzersfrauenkleidergeschäftstür
Schuhschachteldeckelkartonfabriksbesitzersfrauenkleidergeschäftstür

Varianten

Das Spiel wird vielfältiger, wenn es auch erlaubt ist, vorne etwas hinzuzufügen bzw. in der Mitte Nomen einzufügen. Zu diesem Zweck ist es aber günstiger, jedes Element auf kleine Wortplättchen zu schreiben, sodass ein Verschieben und Einfügen leichter möglich ist.

11.2 Wort-Satz-Text-Stadt-Land

Lernziele

- Anlaute erkennen
- Wortarten unterscheiden
- Stellung des Verbs als zweites Satzglied im Aussagesatz verwenden
- Aus Wörtern Sätze und aus Sätzen Texte formulieren

Praxisbezug

Das bekannte Stadt-Land-Spiel fördert rasches Denken, Intelligenz und die Fähigkeit, Wörter Oberbegriffen zuzuordnen. Bekannte Spiele können bei kleinen Veränderungen gut zu Lernspielen umfunktioniert werden. Das Alltagsspiel der Kinder und das Lernen werden somit miteinander verknüpft, Schule und Freizeit, Spiel und Lernen bilden keinen Gegensatz.

Vorüberlegungen

Jedes Kind hat eine Tabelle, ähnlich der Tabelle beim Spiel „Stadt-Land-Fluss" (siehe KV 11, Seite 90). Voraussetzung für dieses Spiel ist, dass den SchülerInnen die Unterschiede von Verb, Nomen, Adjektiv bekannt sind.

Und so geht's

1. Spielphase:

Wie beim Stadt-Land-Fluss-Spiel wird ein Anfangsbuchstabe aus dem Alphabet durch Zufall ermittelt. Jedes Kind trägt nun auf seiner Tabelle die fünf Wörter mit dem entsprechenden Anfangsbuchstaben möglichst schnell ein. (Abschreiben ist diesmal verboten.) Wer zuerst seine fünf Wörter hat, ruft „Stopp", alle legen sofort ihren Stift weg. Leere Kästchen in der Tabellenzeile werden mit einem Kreuzchen entwertet. Jedes Kind bekommt für Kästchen, wo es als Einziges an dieser Stelle ein Wort gefunden hat, zwanzig Punkte, für andere Wörter zehn Punkte. Haben zwei SchülerInnen jedoch zufällig das gleiche Wort geschrieben, bekommen sie jeweils nur fünf Punkte.

Textbeispiel:

Stadt (Ort)	Zeitwort	Person	Ding	Eigenschaftswort
Krems	*kaufen*	*Karl*	*Kasten*	*komisch*
Schule	*singen*	*Schüler*	*Sessel*	*scheußlich*
usw.				

2. Spielphase:

Nachdem alle sieben Zeilen der Tabelle gespielt (ausgefüllt) worden sind, werden alle Tabellen gemischt, jedes Kind zieht eine beliebige Tabelle und hat nun die Aufgabe, aus den Wörtern jeder Zeile Sätze zu bilden, wobei Füllwörter (Artikel, Bindewörter, Präpositionen ...) zusätzlich verwendet werden dürfen.

Textbeispiel:

Karl kauft in Krems einen komischen Kasten.
Die Schüler singen in der Schule auf dem Sessel scheußliche Lieder.
usw.

3. Spielphase:
Abermals werden alle Tabellenzettel gemischt und jedes Kind zieht wiederum einen Zettel. Die neuerliche Aufgabe heißt: Wähle fünf Sätze aus und versuche sie zu einem Text zu kombinieren. Dabei dürfen noch zusätzliche Sätze (Füllsätze) erdacht und verwendet werden.

Textbeispiel:
Die Schüler singen in der Schule auf dem Sessel ein scheußliches Lied mit dem Titel: Karl kauft in Krems einen komischen Kasten. Usw.

Varianten

Jedes Kind wählt eine der sieben Zeilen der Tabelle aus (z. B. Zeile 3) und sammelt aus jeder Tabelle die Sätze, die aus dieser Zeile (Zeile 3) entstanden sind. Mit diesen Sätzen versucht es, eine zusammenhängende Geschichte entstehen zu lassen. So ergibt sich z. B. eine Geschichte, die fast nur aus Wörtern besteht, die mit dem Anfangsbuchstaben „K" beginnen.

1. Spielphase (Wörter)

Stadt (Ort)	Zeitwort	Person	Ding	Eigenschaftswort

2. Spielphase (Sätze)

11.3 Eine Geschichte – viele Bücher

Lernziele

- Sätze auf ihren motivierenden Charakter hin beurteilen und auswählen
- Sätze zu Geschichten verbinden
- Lesemotivation steigern
- Aktives Zuhören

Praxisbezug

Es macht den SchülerInnen immer wieder Freude, gelesene Bücher der Gruppe vorzustellen. Die Bereitschaft zum Zuhören wird erhöht, wenn die ZuhörerInnen die Möglichkeit haben, aktiv teilzunehmen. Durch das gemeinsame Geschichtenerfinden entsteht dabei das gemeinschaftliche Gefühl: „Wir lesen Bücher."

Vorüberlegungen

Jede/Jeder SchülerIn sucht sich einen Kinder-/Jugendroman aus der Klassenbibliothek aus und beginnt darin zu lesen. Nach einiger Zeit (nach etwa fünf bis zwanzig Seiten Lesepensum) werden Gruppen von fünf bis zehn Kindern gebildet.

Und so geht's

Jedes Gruppenmitglied hat einen Satz aus seinem Roman vorbereitet. Dieser Satz sollte spannend, lustig oder geheimnisvoll klingen. Ein beliebiges Kind präsentiert seinen Satz als Beginn einer Geschichte. Irgendein anderes Kind setzt die Geschichte unter Verwendung seines Satzes fort, wobei es notfalls einige wenige „Füllsätze" hinzufügen darf. Sicher wird sich ein weiteres Kind finden, das seinen Satz nun ebenfalls in die Geschichte einfügen kann.

Varianten

Eine/Ein SchülerIn erzählt den ersten Teil eines Buches, das sie/er gelesen hat. An einer geeigneten Stelle ruft ein anderes Kind „Stopp". Es möchte mit dem Erzählen fortsetzen, da ein Teil des von ihm gelesenen Buches zur Geschichte der/des MitschülerIn passt. Das zweite Kind erzählt nun die angefangene Geschichte unter Einbeziehung seines Buches weiter, bis abermals ein anderes Kind „Stopp" ruft und sein Buch mit der Geschichte der beiden anderen in Verbindung bringen will.

11.4 Diskussionsmatrix

Lernziele

- Meinungen in knapper Form klar äußern
- Kommentare zu Meinungen anderer abgeben
- Umgang mit einer Matrix

Praxisbezug

Die Diskussionsmatrix ist eine wirksame Methode, Meinungen zusammenzufassen und für alle deutlich sichtbar zu machen. Wird die Matrix in Plakatform aufgehängt, kann sie Grundlage für eine weitere mündliche Diskussion bieten.

Vorüberlegungen

Die „Diskussionsmatrix" schränkt die Meinungsvielfalt im Vergleich zur „schriftlichen Diskussion" (siehe Seite 94) etwas ein, da jede/jeder SchülerIn nur eine beschränkte Anzahl von Kommentarfeldern zur Verfügung hat. Der Vorteil ist jedoch die Übersichtlichkeit dieser Methode.

Und so geht's

In unserem Beispiel über die Mülltrennung (siehe Abbildung auf Seite 93) schreibt jedes Kind vorerst einen Satz, der seine Meinung zu diesem Thema ausdrückt, in das Feld, wo sich seine eigene Zeile und seine eigene Spalte kreuzen. Die Grundmeinungen sind also in der Diagonale zu finden. Im Sinne der besseren Übersicht können diese mit einer besonderen Farbe (z. B. in Rot) geschrieben werden. Die übrigen Felder dienen dazu, dass man seinen Kommentar zu den Grundmeinungen anderer abgeben kann. Selbstverständlich darf dabei jeder nur in einer Spalte oder Zeile schreiben, wo der eigene Name aufscheint. Im Beispiel haben jeweils Manuel und Christiana zur Meinung von Domenika einen Kommentar abgegeben.

Varianten

- Bei diesem Beispiel wurde die Matrix am Computer angelegt und die SchülerInnen tippen ihre Meinungen und Kommentare in die Computer-Tabelle. Jede/Jeder SchülerIn erhält am Schluss einen Ausdruck. Der Nachteil hierbei ist, dass die Diskussion nur in der Kleingruppe bis vier Personen stattfinden kann.
- Möchten Sie bei der Matrix nicht den Computer verwenden, ist ein Plakat, auf welches die Tabelle gezeichnet wird, empfehlenswert. Hier können sich bis zu zehn SchülerInnen an der Diskussion beteiligen.

Textbeispiel:

Thema: **Ich finde unsere Mülltrennung etwas übertrieben**	Domenika	Klaus	Christiana	Manuel
Domenika	Man müsste eben selber mehr Müll vermeiden.			Es ist alles viel zu oft eingepackt.
Klaus		Es gibt zu wenig Müll-Kontainer		
Christiana	Wir müssten weniger kaufen, dann hätten wir weniger Müll.		Ich glaube, dass die Müllfirmen ohnehin wieder alles zusammen-kippen.	
Manuel				Früher hat man auch alles auf Mülldeponien gebracht.

11.5 Schriftliche Diskussion

Lernziele
- Meinungen vertreten
- Fragen stellen
- Auf Meinungen eingehen

Praxisbezug
Öffentliche Diskussionen, wie z. B. Plenumsdiskussionen, haben in den letzten Jahren in der Meinungsbildung relativ große Wichtigkeit erlangt. Vor allem im Internet finden wir täglich schriftliche Diskussionsforen zu den verschiedensten Themen.

Vorüberlegungen
Bei Diskussionen in großen Gruppen können nicht alle TeilnehmerInnen ihre Meinungen zur Genüge kundtun. Bei Themen, die so manche/manchen SchülerIn stark bewegen, ist es sinnvoll, die vielen Ideen auch schriftlich zu sammeln. Vorab sollten einige Kommunikationsregeln zur schriftlichen Diskussion fixiert werden und vor allem der Grundsatz: Keine Beschimpfungen!

Und so geht's
Jedes Knd schreibt mit roter Farbe eine provokante Aussage zu einem vorher vereinbarten Thema auf ein DIN-A4-Blatt. Diesen Zettel lässt es auf seinem Platz liegen und geht zu anderen Plätzen, um zu sehen, was andere SchülerInnen an provozierenden Äußerungen auf ihre Zettel geschrieben haben. Sie/Er hat nun die Möglichkeit auf diesen fremden Zetteln zu den dort stehenden Äußerungen schriftlich Stellung zu beziehen. Im Laufe der Übung stehen auf den Zetteln schon mehrere Stellungnahmen von anderen SchülerInnen. Wer zu so einem Zettel kommt, liest sich alle diese Beiträge durch und kann zu allem, was auf dem Zettel steht, einen schriftlichen Kommentar abgeben. Nach einem festgelegten Zeitraum geht jedes Kind zu seinem eigenen ursprünglichen Zettel zurück, liest die Kommentare durch und bezieht seinerseits im anschließenden Plenum zumindest zu einem dieser Kommentare Stellung. Die Übung kann damit beendet sein, sie kann jedoch auch als Vorübung zur Aufsatzgattung „Problemerörterung" eingesetzt werden.

Varianten
Als fixe Institution kann in einer Klasse jede Woche ein neues „Diskussionsplakat" aufgehängt werden, das am Ende der Woche als Diskussionsgrundlage beim „Klassenrat" dient. Dabei muss kein bestimmtes Thema vorgegeben sein; die diskutierten Inhalte ergeben sich aus dem Schulalltag.

Man soll das Papier nicht auf den Boden schmeißen!

Ja, weil sonst musste die Putzfrau sehr veil aufreumen müsste! Melanie

Ja, weil man sonst einen sauschta haben

Nein, weil wer das Fenster auszet fligt allesumler Rosi

Ja, weil sonst eine unortnung in der Klasse ist. R.L

Nein, Ja das ist keine gute Idee, weil dann die Putzfrau alles weg räumen mus Stefanie Pichler

Ja, weil das blöd ist Silke

Ja, weil es ferschwendung ist H.P.S.

P.P. Jä das ist Papir ferswendung, weil das ganze papr Verbraucht wird!

Ich klaube auch, weil sonst entstet ein Sauhaufen. Lena

2. Klasse 11

12. Gedichte

12.1 Auf und In – sind der Beginn

Gedichte • 4–6

Lernziele

- Verwendung der Präpositionen
- Ortsbestimmungen mit dem 3. Fall

Praxisbezug

Kreativitätstraining.

Vorüberlegungen

Beim Betrachten von Bildern werden die Präpositionen erarbeitet und auf ein Plakat geschrieben.

Plakatwörter: auf, am, an, unter, neben, zwischen, hinter, vor …

Und so geht's

Bei dieser Gedichtidee werden paarweise gereimte Strophen verwendet, wobei die einzelnen Zeilen keine inhaltliche Verbindung haben müssen. Kompensiert wird dadurch das beim Gedichtschreiben häufig auftauchende Problem, dass gekonnte Reime einen passenden Inhalt ergeben sollen.

Textbeispiel:

Auf und In - sind der Beginn

Auf dem Boden liegt Papier
Auf der Bühne steht's Klavier
Auf dem Pferd da ist ein Reiter
Auf dem Dachboden die Leiter

In der Hecke ist das Nest
In der Stube ist ein Fest
In dem Nest da ist ein Ei
In dem Meer da schwimmt ein Hai

Varianten

auf, am , in - sie sind mittendrin

Vögel auf dem Baum
Kinder sind im Raum
Bilder sind im Rahmen
Hüte sind auf Damen

Seht nur, seht - alles ist verdreht!

Kinder auf dem Baum
Vögel in dem Raum
Bilder sind auf Damen
Hüte sind im Rahmen

12.2 Hu, hu, hu – und drauß bist du

Lernziele

- Reimwörter finden
- Paarweises Reimen
- Rhythmisches Sprechen und Zeigen

Praxisbezug

Beim Spielen müssen die Kinder oft auszählen. Nicht immer haben sie einen passenden Auszählreim parat. Beim Auszählen ist gleichzeitig rhythmisches Sprechen und dazupassendes rhythmisches Zeigen mit dem Finger notwendig. Besonders für Kinder mit Teilleistungsstörungen stellt dies eine gute Schulung der Psychomotorik dar.

Vorüberlegungen

Plakatwörter:

DU, WEG, DRAUSS
KUH, HUHU, RUH, KANU, KAKADU, KÄNGURU
SCHRECK, DECK, DRECK, KECK, ZECK, SCHECK
AUS, HAUS, SCHMAUS, KLAUS, MAUS

Und so geht's

Ein Trick zum Erfinden von Auszählreimen: Viele Auszählreime enden mit DU, andere mit DRAUSS, wieder andere mit WEG. Gebraucht werden also Reimwörter auf DU, z. B. SCHUH, oder auf WEG, z. B. FLECK, oder auf DRAUSS, z. B. MAUS.

Textbeispiel:

Ich gehe in den Stall
Und treffe dort ein Pferd.
Doch du triffst eine ***Kuh***
Und drauß bist ***du****.*

In dem Schloss, da ist was los.
Geister, Hexen, was ist das?
Ein Gespenst, ach du ***Schreck!***
Wen's erwischt, der muss ***weg****.*

In dem Loch, in dem Loch
Dort hat sich wer versteckt.
Es ist die kleine ***Maus****.*
Und du bist ***drauß****.*

12.3 Reimwortspektakel

Lernziele

- Kennenlernen von Gedichtformen: paarweise gereimtes Gedicht, überkreuzt gereimtes Gedicht, umarmend gereimtes Gedicht

Praxisbezug

Durch die eigenen Versuche verschiedene Gedichtformen anzuwenden wird das Interesse für das Lesen von Gedichten geweckt.

Vorüberlegungen

In Lesebüchern und Gedichtbänden werden Gedichte gesucht und auf ihre Regelhaftigkeit hin überprüft. Die SchülerInnen stoßen dabei auf unterschiedliche Gedichtformen wie z. B. das paarweise gereimte Gedicht.

Und so geht's

Als mündliche Übung zum eigenen Reimen bewährt sich folgendes **Gruppenspiel**:
Die Kinder sitzen im Kreis. Die Kärtchen (siehe KV 12 und 13, Seite 99 und 100) mit den Reimwörtern gibt es in doppelter Ausführung, sie werden gemischt und an die SchülerInnen so ausgeteilt, dass jede/jeder zwei unterschiedliche Kärtchen in der Hand hält. Nun haben die SchülerInnen etwa fünf Minuten Zeit, sich zu den insgesamt zwölf Wörtern, die auf den beiden Kärtchen stehen, Sätze auszudenken. Jeder dieser Sätze muss mit einem Reimwort enden. Nun beginnt ein beliebiges Kind mit der Präsentation eines seiner Sätze. Ein anderes Kind findet das Reimwort dieses Satzes ebenfalls auf einem seiner beiden Zettel (da es ja jedes Kärtchen in doppelter Ausführung gibt) und fügt dem vorhin präsentierten Satz einen sich reimenden Satz hinzu. Nun setzt er mit einem Satz von seinem zweiten Kärtchen fort. Wiederum findet ein anderes Kind dieses Wort auf einem seiner beiden Kärtchen und hängt nun seinerseits einen weiteren Reimsatz dazu. So entsteht ein langes Gedicht mit paarweise sich reimenden Verszeilen. Im Anschluss daran können die Kinder unter Zuhilfenahme der zahlreich kopierten Reimwortkärtchen alleine ähnliche Gedichte kreieren.

Textbeispiel:

Willst du einen Fisch erwischen,
Musst du nach den Fischen fischen.
Das ist eine gute Idee,
Fischen kann man in dem See.

Varianten

Die Sätze müssen nicht in einem inhaltlichen Bezug zueinander stehen und es dürfen auch Nonsensgedichte entstehen.

Textbeispiel:

Ich mach heute einen Reim,
Doch das ist ganz streng geheim.
Halte bitte deinen Mund,
Sonst beißt dich gleich mein kleiner Hund!

Reimwortspektakel

HUT GUT MUT RUHT GLUT FLUT	STEIN FEIN REIN SEIN MEIN ALLEIN
DAMEN NAMEN SAMEN KAMEN KRAMEN ZYKLAMEN	IDEE SEE FEE TEE KLEE SCHNEE
TEER MEER HEER LEER SEHR WEHR	ROT NOT KOT BROT LOT SCHLOT

Reimwortspektakel

HUND RUND SCHUND BUND MUND FUND	SINGEN KLINGEN SCHWINGEN RINGEN BRINGEN GELINGEN
MISCHEN ZISCHEN WISCHEN FISCHEN ERWISCHEN NISCHEN	REIM SCHLEIM KEIM HEIM LEIM GEHEIM
AST LAST KNAST MAST RAST GAST	LACHEN KRACHEN MACHEN SACHEN ENTFACHEN RACHEN

12.4 TatÜüÜüÜÜÜ – AUAU und SCHAU

Lernziele

- Spiel mit Buchstaben, Lauten und Silben
- Vokale und Konsonanten gezielt zur Wortbildung einsetzen

Praxisbezug

Kreativitätstraining: Die „konkrete Poesie" löst sich sehr radikal von den üblichen Textsorten und hilft, dass sich die SchreiberInnen deutlich von ihren bisherigen Schreibgewohnheiten lösen können und viel Mut beweisen, Sprache eigenständig und kreativ zu gestalten.

Vorüberlegungen

Als Vorübung bewähren sich hier Dialoge mit Nonsenssilben, z. B. ein Nonsenssilbendialog zwischen dem Bauern und den Tieren im Stall.
Mit Silben und Lauten können auch Geräuschkulissen, z. B. Geräusche am Bahnhof, im Straßenverkehr, in der Küche, in der Werkstatt ..., entstehen. Dabei sollten nicht nur Geräuschwörter, wie sie in Comics zu finden sind, verwendet werden (z. B.: knacks, pfauch, wusch, uff ...), es sollten vor allem neue Wort- und Silbenkombinationen erfunden werden. Wesentlich ist dabei, dass die Wort- bzw. Lautbilder an den Inhalt des Gedichts angepasst sind.

Und so geht's

Bei der „konkreten Poesie" (ein bekannter Vertreter ist Ernst Jandl) werden mit konkretem sprachlichem Material visuell oder akustisch Aussagen gestaltet. Rechtschreibung, Grammatik und Syntax können dabei ignoriert werden.

Textbeispiele:

Am Abend im Stall

Muh, muh, muh
Schnatteratteratteratteratter
i ieh i ieh i ieh
das Vieh, das Vieh
der Bauer kommt
Ruhe ! Ruh ! Ru ! R ....
RRRRRRRRRRRRRR
Die Melkmaschine

Autounfall

Krrr, zk, psch!!!!!!
au, au, au, au,
Handy: Tütütü
Rettung: Tatüüü, tatüüüü
Au, Au, Au, Au, Au, Au, Au, Au,
Rettung : TatÜüÜüPÜ, TatÜüÜüÜ, TatÜüÜüÜÜÜ
AUUUU, AUUUUU, AUUUUUU, AUUUUUUU, AUUUUUUU
Schau, AU, Schau, AU, Schau, AU, Schau, AU, Schau, AU, Schau, AU

12.5 Textrhythmus gesucht

Lernziele

- Satzglieder erkennen

Praxisbezug

Durch besondere Textanordnung können wir aus oft klischeehaften und formal gleichförmigen Gestaltungen von Gebrauchstexten, z. B. auf Glückwunschkarten, ausbrechen und diesen – neben der grafischen Gestaltung – ein ansprechendes Bild geben.

Vorüberlegungen

Bei dieser Textform werden absichtlich Satzglieder häufig getrennt.

Und so geht's

Ein ganz normaler Erzählsatz gewinnt an Spannung, wenn er rhythmisch vorgelesen wird. Eine besondere Anordnung der Wörter am Papier begünstigt das rhythmische Lesen.

Textbeispiel:

Erzählsatz:

Wir wünschen Ihnen einen angenehmen Aufenthalt.

Rhythmisierter Text:

Wir wünschen
Ihnen einen
angenehmen Aufenthalt.

Varianten

Weitere Themenvorschläge:
Text für eine Glückwunschkarte, Text für eine Einladung, Dankschreiben, Genesungswünsche …

12.6 Textrhythmus-Quodlibet

Lernziele

- Wörter zu Oberbegriffen finden
- Wörter nach der Anzahl der Silben ordnen können

Praxisbezug

Das Textrhythmus-Quodlibet ermöglicht eine geeignete Querverbindung zwischen Text und Musik. Diese Gedichtform macht besonders als Gruppenarbeit großen Spaß. Dadurch wird eine positive Beziehung zu Teamarbeit erreicht.

Vorüberlegungen

Benötigt werden etwa 20 Wörter zu einem Thema, z. B. Winter. Diese Wörter werden einzeln auf große Papierstreifen geschrieben.

Und so geht's

Die 20 Wortstreifen werden auf dem Boden aufgelegt. Nun beginnt das Ordnen dieser Wörter nach deren Silbenanzahl. Die gleichsilbigen Wörter können in einer Zeile oder auch in Spalten geordnet werden. Auch die Wörter in jeder der Zeilen können nach einem bestimmten Rhythmus gelegt werden. Vor allem beim lauten Lesen dieser Zeilen ist eine besonders stimulierende Wirkung sowohl bei den ZuhörerInnen als auch bei den SprecherInnen zu bemerken. Verstärkt kann diese Wirkung noch durch lautes Lesen im Chor oder durch Mitklatschen werden. Auch lassen sich immer wieder neue Anordnungen der Wortstreifen legen und ausprobieren. Besonders wirkungsvoll ist das gemeinsame Rezitieren der aufgelegten Möglichkeiten in Form eines Textrhythmus-Quodlibets: Jedes Kind sucht sich eine Zeile aus und wiederholt diese immer wieder laut sprechend (alle Kinder gleichzeitig). Letztendlich wird die beeindruckendste Variante als Wörtergedicht (Gedicht ohne Satzzusammenhänge) zu Papier gebracht.

Textbeispiel:

Winter

Schnee, Luft, Eis, kalt, glatt, Frost
Schneeball, eisig, Schneemann, Schlitten, rutschig
Schneeballschlacht, Wintermantel, Handschuhe, ausrutschen, einheizen
Schneegestöber, Schisprungschanze, Pistenraupe, Eiskristalle, Grippewelle

Möglichkeiten, diese Wörter nach Rhythmen zu ordnen:

SchneeSchneeballkalteisigglattSchneemann
LuftSchlittenFrostrutschig
SchneeballschlachtSchneegestöberWintermantelSchisprungschanze
HandschuhePistenraupeausrutschenEiskristalle

SchneeSchneeballSchneeballschlacht
LuftSchneemanneinheizen
KalteisigWintermantel
Frostrutschigausrutschen

SchneegestöberSchisprungschanzekalt
PistenraupeEiskristalleFrost
GrippewelleSchnee

Varianten

Textrhythmuskanon: Es werden Gruppen gebildet und diese beginnen zeitversetzt mit dem lauten Lesen des Gedichts.

12.7 Ich lieb 5 und 6 Silben

Lernziele
- Einen Text in einen Rhythmus bringen
- Wörter in Silben zerlegen

Praxisbezug
Gefühle in Texten zu äußern ist nicht jedermanns Sache, Gefühle in Gedichte zu fassen fällt hingegen vielen Menschen leichter. Dadurch wird das Gedicht zum beliebten Ventil sich mitzuteilen und die Schreibenden machen sich dabei selber eigene Gefühle bewusst.

Vorüberlegungen
Sie können den SchülerInnen eine Silbenvorlage als Hilfe anbieten:

	Silbenaufteilung:
Ich lieb d_________	1. Zeile: 5 Silben
Ich lieb d____________	2. Zeile: 6 Silben
Ich lieb d_________	3. Zeile: 5 Silben
Ich lieb d____________	4. Zeile: 6 Silben
Ich lieb d____________	5. Zeile: 6 Silben
Wenn d_________	6. Zeile: 5 Silben

Und so geht's
Diese Gedichtidee lässt sich auf fast jeden Lebensbereich der SchülerInnen übertragen. Wichtig dabei ist das Beachten der Silbenanzahl der einzelnen Gedichtzeilen, um zu einem interessanten Lese- beziehungsweise Sprechrhythmus zu kommen.

Textbeispiel
Ich lieb das Faulsein.
Ich lieb die Ferien.
Ich lieb das Schwimmbad.
Ich lieb den Sonnenschein.
Ich lieb Zitroneneis,
wenn die Schul ist zu.

Varianten
Dieses Gedicht kann auch gesungen werden. Als Melodie kann z. B. die des Liedes „I like the flowers, I like the daffodils" verwendet werden.

13. Die Erlebnisschularbeit

Keine ideenlose Qual

Die Erlebnisschularbeit • 4–6

Lernziele

- Verwendung vielfältiger sprachlicher Aspekte beim Schreiben
- Unterschiedliche Textsorten kombinieren

Praxisbezug

Dieses Modell ist eine Hilfe für DeutschlehrerInnen, die bisher nicht immer mit den Deutschschularbeiten zufrieden waren.

Vorüberlegungen

Deutschschularbeiten müssen nicht immer nur stressig, sie können auch interessant und für die SchreiberInnen selber spannend sein. Doch leider ist es bei Deutschschularbeiten oftmals so, dass schon beim Lesen der Themenstellung der Gedanke aufkommt: „Verflixt, dazu fällt mir nichts ein." Und so werden zwei bis drei Seiten mühsam in ideenloser Qual mit Worten gefüllt. Nicht so bei der Erlebnisschularbeit.
Ihr liegt eine Geschichte zugrunde, deren einzelne Teile durch Ihre Überleitungen gestaltet und zusammengefügt werden. Die dazwischen liegenden Teile der Geschichte schreiben die SchülerInnen. Dabei müssen sie hin und wieder etwas beschreiben, an einer anderen Stelle sollen sie fabulieren, dann wieder gilt es Aufforderungssätze zu verwenden oder einen Dialog zu verfassen. So sind in eine einzige Schularbeit mehrere Textsorten und mehrere Situationen eingebaut.
Die Arbeit gliedert sich dadurch ähnlich wie bei Mathematikschularbeiten in mehrere (mindestens vier) Teile, die fast unabhängig voneinander positiv erledigt werden können und zumindest zu einem Teilerfolg bei der Schularbeit führen. Wurde früher bei jeder Schularbeit nur eine einzige der traditionellen Aufsatzgattungen (Bericht, Beschreibung, Nacherzählung, Fantasiegeschichte ...) erfasst, so stellt die Erlebnisschularbeit vielfältige Anforderungen an die SchreiberInnen. Gleichzeitig berücksichtigt sie aber auch die Vielfalt der Talente und die differenzierten Eigenschaften und Ausdrucksmöglichkeiten der Kinder.
Findet die Deutschschularbeit in der Form einer vielfältig gestalteten Erlebnisschularbeit statt, muss selbstverständlich der vorangegangene Unterricht ebenfalls diese Vielfalt berücksichtigen. Die SchülerInnen müssen immer wieder im Unterricht und bei den verschiedenen Aufsatzthemen die sprachlichen Aspekte des Informierens, Notierens, Appellierens, Fabulierens anwenden lernen. Dieser geforderten Vielfalt entsprechen u. a. die Beispiele in „Die kreative Schreibschule".

Und so geht's

Textbeispiel:

Die neue Schülerin

Eine erfundene Schulgeschichte mit einigen Lücken

Diese Lücken werden ergänzt durch ....

„Nur noch drei Tage, dann ist es so weit: Wir bekommen eine neue Schülerin. Sie heißt Fatima. Nehmt sie bitte freundlich auf, damit sie sich hier bei uns gut einleben kann", verkündete eines Tages die Lehrerin.
Wir waren schon alle sehr gespannt auf unsere neue Mitschülerin. Und tatsächlich, am Montag fuhr ein unbekanntes Auto bei der Schule vor. Ein Mädchen stieg aus und betrat an der Hand ihres Vaters das Schulhaus. Die Schüler, die bereits in der Klasse waren, hörten am Gang die Lehrerin mit dem fremden Mann ein paar Worte wechseln:

Lehrerin: ____

____

Mann: ____

____

Lehrerin: ____

____

Mann: ____

____

Und dann ging die Tür auf. Da stand sie nun, die neue Schülerin. Sie sah eigentlich ganz anders aus, als ich sie mir vorgestellt hatte:

____

____

____

____

____

____

Gleich zu Beginn der Stunde sagte die Lehrerin, wir sollten uns kurz mit höchstens drei Sätzen vorstellen, damit uns Fatima ein bisschen kennen lernen konnte. Ich stellte mich so vor:

Anschließend fragte uns die Lehrerin, wer Fatima die Schule zeigen möchte. Natürlich wollten alle drankommen. Auch ich meldete mich und ich dachte mir, dass sicher wieder jemand anderer genommen wird, aber die Lehrerin hatte eine gute Idee. Sie schlug vor: „Zählen wir einfach aus, damit niemand beleidigt ist."

Kuh
Schuh
Ruh
drauß bist du

Diese Wörter schrieb die Lehrerin an die Tafel. „Wer kann daraus einen Auszählreim machen?"
Ich hatte einen Glückstag, denn mir fiel sofort etwas ein:

Alle applaudierten und nun wurde mit meinem neu erfundenen Auszählreim ausgezählt. Und wisst ihr, wer beim Auszählen gewann? Ich natürlich! Es war wirklich mein Glückstag. Ich durfte also mit Fatima durch die Schule gehen und ihr alles erklären. Fatima ist ein freundliches Mädchen. Ich fand sie gleich sympathisch und sie musste immer lachen, wenn ich etwas Witziges sagte. Wir begannen vorne bei der Eingangstür. Ich erklärte ihr, wie das mit der Geburtstagsfahne funktioniert:

Als wir die Eingangstür öffneten, hatte ich eine blendende Idee. Ich fragte Fatima: „Hast du Lust auf ein Suchspiel?" „Ja, meinetwegen, wenn es nicht zu schwierig ist", antwortete sie.
Ich beruhigte sie: „Ist ganz leicht, du musst nur auf dem kürzestem Weg unsere Schulküche finden." „Das ist doch ganz leicht", lachte Fatima, „da brauch ich doch nur zu schnuppern, also nur der Nase nach zu gehen, dann werde ich sie schon finden!"
„Irrtum!", rief ich, „heute ist Freitag und da wird bei uns nicht gekocht! Aber ich werde dir den Weg dorthin beschreiben. Also pass auf: Du gehst hier von der Eingangstür durch die Garderobe …

Ihr werdet es nicht glauben, entweder hat Fatima nicht gut genug aufgepasst oder vielleicht hat sie sich nicht alles gut genug gemerkt, jedenfalls landete sie im Heizraum. „Was ist denn das für eine eigenartige Küche!", rief sie verwirrt. Ich kam die Stiege heruntergesprungen und zeigte ihr nun unsere gemütliche Schulküche. Schade, dass ich ihr Maria nicht vorstellen konnte, da sie ja am Freitag nicht kocht.

„Und jetzt geht's in den Schulgarten", schlug ich vor. „Super!", antwortete Fatima begeistert. Sie war offensichtlich so wie ich gerne an der frischen Luft. Als wir die Schulgartentür öffneten, staunte Fatima nicht schlecht. So einen schönen Schulgarten hatte sie noch nie gesehen. „Aber es gibt auch strenge Regeln in unserem Schulgarten", erklärte ich ihr.

1. ______________________________

2. ______________________________

3. ______________________________

4. ______________________________

5. ______________________________

„Ist doch ganz klar!", meinte Fatima, nachdem sie mir aufmerksam zugehört hatte. „Aber was ist denn das?", fragte sie und zeigte auf einen Notizzettel, der mit einem Reißnagel an die Holzhüttentür geheftet war. „Weiß ich auch nicht", antwortete ich. „Lass mal sehen!" Wir schauten uns den Zettel aus der Nähe an. „Ach so, da hat jemand ein Elfchen über den Schulgarten geschrieben", stellte ich fest. „Elfchen????", staunte Fatima. „Das geht ganz einfach: Du brauchst nur elf Wörter zu einem Stichwort und du schreibst zuerst ein Wort, dann zwei, dann drei, dann vier ..." „... Schon steht das Christkind vor der Tür", witzelte Fatima. Ich musste wegen dem Spruch vom Christkind schallend lachen. Doch dann ergänzte ich: „Zum Schluss kommt dann noch ein besonders interessantes, schönes oder lustiges Schlusswort." „Schade, dass das Elfchen an der Holzhüttentür vom Regen verwischt wurde und man fast nichts mehr davon lesen kann", bedauerte Fatima. „Kein Problem", sagte ich, „dann erfinden wir eben ein neues Schulgartenelfchen:

Nun war die Stunde zu Ende und die anderen Kinder kamen in den Schulgarten gestürmt. Alle beneideten mich, dass ich schon Freundschaft mit Fatima geschlossen hatte. Aber das machte eigentlich nichts, denn Fatima konnten bald alle gut leiden und sie wurde in unserer Klassengemeinschaft gut aufgenommen.

Stichwortverzeichnis